rowohlt

Der Matrix gewidmet,
dem unbewussten Beziehungsgeflecht
der Menschen, die uns nahe sind,
woraus jede Liebe entsteht.

Michael Lukas Moeller

Wie die Liebe anfängt

Die ersten drei Minuten

Rowohlt

Wer zur Entwicklung seiner Paarbeziehung
Kontakt wünscht, wende sich an:

dyalog Fortbildung in Partnerschaft
gegründet von
Prof. Dr. med. Michael Lukas Moeller
Célia Maria Fatia, M. A.
Günthersburgallee 77 · D-60389 Frankfurt am Main
Tel.: 069/4 69 15 82 · Fax: 069/46 18 01

Die Internetadresse *www.dyalog.de* bietet Überblick
und Termine zu den Angeboten an
Zwiegesprächsseminaren, Paargruppen,
Wochenendgruppen und weiteren Veranstaltungen.

2. Auflage April 2003
Copyright © 2002 by Rowohlt Verlag GmbH,
Reinbek bei Hamburg
Alle Rechte vorbehalten
Satz Stempel Garamond PostScript,
QuarkXPress 4.1, bei ETO, Hamburg
Druck und Bindung Clausen & Bosse, Leck
Printed in Germany
ISBN 3 498 04485 0

Die Schreibweise entspricht den
Regeln der neuen Rechtschreibung.

«Wenn es wahr ist,
was Proust sagt, daß man glücklich ist,
wenn man nicht fiebert,
werde ich niemals wissen, was Glück ist.
Denn ich bin besessen von einem Fieber
nach Erkenntnis, Erfahrung,
dem schöpferischen Akt.»

ANAÏS NIN

Inhalt

I
Worum sich alles dreht

«Ich wünschte, entweder mein Vater oder meine Mutter,
oder fürwahr alle beide, denn von Rechts wegen oblag die Pflicht ihnen
beiden zu gleichen Teilen, hätten bedacht, was sie da trieben, als sie mich zeug-
ten; hätten gebührend in Betracht gezogen, wie viel von dem abhing, was sie
gerade taten; – dass es dabei nicht nur um die Hervorbringung eines vernünfti-
gen Wesens ging, sondern dass womöglich die glückliche Bildung und
Beschaffenheit seines Körpers; vielleicht sein Genie und just die Färbung seines
Gemüts; – und gar, denn Gegenteiliges war ihnen nicht bekannt, die Wohlfahrt
des ganzen Hauses ihre Wendung nach den Säften und Dispositionen nehmen
könnten, die gerade obenauf waren:
Hätten sie all dies gebührend in Erwägung und Betracht gezogen und
wären demgemäß verfahren... ich bin wahrhaftig überzeugt, ich würde
in der Welt eine ganz andere Figur vorgestellt haben...»
LAURENCE STERNE

Bevor unser Leben begann, war der wirkliche Anfang unserer
Existenz jener magische Moment, als die Liebe eine Frau und
einen Mann ergriff und ein besonderes Paar erschuf: unsere
Eltern.

Nicht die Geburt – das weiß man seit den Einsichten in das
intrauterine Seelenleben –, auch nicht das Verschmelzen der
Eizelle mit dem siegreichen Spermium, nicht einmal der Zeugungsakt ist unser Start ins Leben, nein, der Ursprung unseres
Ursprungs ist die Liebe, der Augenblick also, der zwei Menschen
aneinander band. Trotz der weltweiten Paarkatastrophe wachsen
wir mehrheitlich immer noch in diesen von der Liebe gegebenen,
großen seelischen Raum der elterlichen Paarbindung hinein, der
wie von Absencen umnebelt so seltsam verschwiegen bleibt.

Wenn wir die Liebe zweier Menschen als ihre Art von wort-
unabhängiger Sprache ansehen, eine besondere Atmosphäre,

die uns umgibt, so entwickeln wir uns in diesen Sprachraum hinein, werden von ihm gestaltet und gestalten ihn in uns um. Wir individualisieren diese elterliche Sprache, die so wenig direkt zur Sprache findet, wie vor uns nicht nur unsere Eltern und Großeltern, sondern Tausende von Generationen unserer Menschenart vor uns – seit Entstehen der Liebe wahrscheinlich aber nur zweitausend. – Das ist der große menschheitserzeugende, wirklichkeitsschaffende Lauf der Liebe.

Nichts ist dabei nebulös – wie es oft Männern erscheint. Das Seelenleben mit seinen Vorstellungen und Gefühlen ist von höherer Präzision als die Mathematik, auch wenn diese Präzision vor allem unbewusst bleibt. In kürzester Zeit entwerfen wir beispielsweise das präzise Panorama eines komplexen Traums, fünf sinnliche Träume pro Nacht, einhundertfünfzigtausend in unserem Leben.

Was geschieht, wenn es zwischen zweien funkt? Die Liebe auf den ersten Blick zeigt es in aller Offenheit: In wenigen Sekunden unbewusster Kommunikation ist alles geschehen, das heißt wechselseitig vermittelt. Was? Die Gesamtheit zweier Lebensgeschichten. Das Bewusstsein vieler hinkt hinterher und merkt erst Tage, Wochen, Monate, ja oft genug Jahre später, was wirklich war.

Was wir von Anbeginn unseres Lebens erlebt haben, bildet unsere Erfahrung und seelische Struktur. Das ist nichts anderes als der Gewinn aus einem andauernden Lernprozess. Bestimmte Bindungsbereitschaften, bestimmte Lustbereitschaften, bestimmte Angstbereitschaften, bestimmte Abwehrformen, bestimmte Entwicklungsbereitschaften kennzeichnen die vielfältigen Valenzen eines jeden Menschen. Jede Person, der ich begegne, spricht bei mir andere Beziehungsbereitschaften an. Fasziniert mich jemand stark, dann korrespondiert sein Unbewusstes mit meinem Unbewussten erstens besonders umfangreich (quantitativer Aspekt) und zweitens sehr speziell (qualitativer Aspekt). *«Unbewusstes erkennt Unbewusstes irrtumslos»*, sagt die Psychoanalyse. Das ist für mich die Haupteinsicht in die Paardynamik. Denn sie bedeutet beispielsweise: Von Anfang an erfasst die Partnerwahl den ganzen Menschen – auch wenn wir später zu klagen beginnen, dieses und jenes hätten wir einfach nicht gesehen. Auf nicht wiederholbare Weise bilden die ersten Sekunden eine einzigartige Beziehungsstruktur aus, die als gemeinsames Unbewusstes zeitlebens bestehen bleibt und so gut wie alles prägt: unser Wahrnehmen, Entscheiden, Fühlen, Verhalten, Handeln und Träumen. Das heißt im Alltag: Ich fühle und meine nur so und nicht anders, solange du so fühlst, wie du fühlst, obwohl wir uns dessen nicht bewusst sein müssen und das, worum es geht, nicht einmal ausgesprochen haben.

Aber nicht nur *unser* Leben wird durch diesen magischen Moment zeitlebens geprägt. Denn die seelische Struktur unserer Kinder entsteht vor allem durch die Verinnerlichung der bedeutenden Bindungen in den ersten sechs Lebensjahren. Von der Qualität der Elternpaarbeziehung werden also auch Erleben, Verhalten, Einstellungen, Denken und Fühlen der nächsten und der folgenden Generationen bestimmt. Durch eine solche Identifikation sind natürlich auch wir selbst geworden, was wir seelisch sind. Die früheste Grundlage ist dabei nicht die konkrete verinnerlichte Gestalt eines Menschen (in der Regel der Mutter), es sind vielmehr internalisierte Beziehungen zu einer Art Atmosphäre, die so ähnlich funktionieren wie unser Empfinden für Wasser und Luft beispielsweise. Als Grundstimmungen oder affektive Einstellungen verleihen sie allem, was wir wahrnehmen und erleben, seine Bedeutung und Färbung. Optimismus und Pessimismus, Depressivität und Urvertrauen gehören in ein Familienklima, in das unsere Mutterbeziehung eingebettet ist.

Begegnen sich zwei und verlieben sich ineinander, dann werden bei beiden durch blitzschnelle Oszillationen ganz bestimmte, lebensgeschichtlich erworbene Beziehungsvalenzen mobilisiert und verknüpft. Es entsteht ein gemeinsames Unbewusstes innerhalb einer Beziehungsstruktur, als deren zentrales

Zeichen das neu aktualisierte Selbst des einen und des anderen gelten kann. Mit einem anderen Partner sähe mein Selbst anders aus, weil es anders aktualisiert wäre und sich vor allem anders entwickelte. Frau und Mann, die sich etwas bedeuten, bilden also eine Art seelisches Magnetfeld aus, dessen Dipol sie selbst darstellen. Bewegt sich etwas in einem, ist der andere immer mitbetroffen. Ein abgegrenztes Ich und ein abgegrenztes Du ist eine illusionäre Verkennung des Bewusstseins, weil es so viel Wert auf Unabhängigkeit legt.

Man kann auch sagen: Mit dem Akt des Verliebens legt das Leben zu jeder Minute weltweit millionenfach seine eigenen Fundamente. Das Paar kann sich diese Lage zugute kommen lassen, wenn es die beschriebenen Schritte geht, um die besten persönlichen Lebens- und Liebesbedingungen aus der eigenen Geschichte zu erkunden. Denn die Verliebtheit entsteht durch die Passform und die günstigen Bedingungen. Sie ist in gewisser Weise ein Garant, dass zwei zusammenpassen. Und das gilt auch für jene späteren Jahre, in denen nichts mehr zu stimmen scheint. Der Kardinalfehler ergibt sich aus der Bewusstlosigkeit für die Bedingungen der eigenen bedeutendsten Bindung und aus der Ahnungslosigkeit, wie eine Beziehung zu führen ist. Daraus resultiert eine Fehlentwicklung. Diese aber ist bei guten Bedingungen viel häufiger, als man denkt, aufzuheben.

Beispiele von Paaren illustrieren diesen Weg: Zunächst in ersten Gesprächen mit mir und in Zusammenfassungen, zuletzt in einem themenzentrierten Zwiegespräch (Kapitel 5, Seite 183). Dazu gibt es Fragebogenbefunde von über tausend Personen zu den Eigenschaften, die verliebt machten. Wo verliebten sie sich, und wodurch endete die Verliebtheitszeit? Das japanische Sprichwort «Das Huhn ist es, das den Hahn krähen lässt» konnte die Flirtforschung belegen. Weit über die eigene Lebensgeschichte hinaus – und doch von ihr nicht zu trennen – ist das, was uns attraktiv macht und was wir attraktiv finden, evolutionspsychologisch mitbestimmt. Die Struktur des Flirts ist weltweit verbreitet, eine anthropologische Universalie. Die

Struktur der künftigen Bindung ist weitgehend schon festgelegt, bevor sich die Partner überhaupt sehen. Die sechs Hauptwurzeln jedes Paares sind die beiden Mutterbeziehungen, die beiden Vaterbeziehungen und die beiden Elternpaarbeziehungen, deren Ebenbild die eigene Bindung oft genug ist. Das ist die seelische Mitgift, die wir in unsere Beziehung einbringen, wertvoller und mächtiger als alle materiellen Werte.

Wenn so viel von der Liebe abhängt, kann die Liebe selbst nicht unbeachtet bleiben. Darum folgt im zweiten Kapitel ein Essay über Verliebtheit und Liebe: ihre zentralen Merkmale und die Dimensionen, nach denen sie eingeschätzt werden können. Ihren Boden bilden alle bedeutenden Beziehungen besonders der frühen Kindheit, zu denen erstmals ein umfassender Überblick aus einem Shorty (Kürzestfragebogen zu Brennpunkten der eigenen Beziehung) vorgelegt wird. Es zeigt sich, dass wir vor allem Gruppenwesen sind. Das wird noch deutlicher, wenn das Liebesfeld zur Sprache kommt, jenes Beziehungsnetz nämlich, das eine Liebe überhaupt erst möglich macht. Auch dieses Liebesfeld hat seine Mehrgenerationengeschichte. Geht man nur hundert Jahre zurück, gründet unsere eigene Liebe seelisch minuziös nachvollziehbar auf 30 Liebesbeziehungen von Eltern, Großeltern und weiteren Vorfahren. Daraufhin öffnet sich ein faszinierendes und heikles Thema: Wie entstand die Liebe urgeschichtlich? Sie hat tiefe Wurzeln bis in die früheste Säugerzeit, ja sogar bis hin zu den Reptilien. Das aber ist nicht die menschliche Liebe. Ein kurzer Abriss macht deutlich, dass die Liebe des Homo sapiens nicht anders entstanden sein kann als in einem Netz vielfältiger sozialer und kultureller Phänomene – vom Werkzeug über Musik und Gruppenbildung, vom Hausbau über Altenverehrung und Schmuck zur Unterstreichung der eigenen Identität. Im Zentrum dieses kreativen Aufschwungs vor etwa vierzigtausend Jahren steht die so genannte Selbstbewusstseinsexplosion. Mit ihr muss meines Erachtens die Liebe entstanden sein. Es ist erst 1600 Generationen her.

Heute aber geht sie unter. Wir vergeuden die Liebe, indem wir ihre Bedingungen außer Acht lassen. Die moderne Ehe ist ein Dach ohne Haus. Es scheint mir im Kern der schwere Konflikt zwischen Leistungsfunktionalität und Lebenslust zu sein, der sie zur Strecke bringt. Es gibt keine Lobby für die eigene Lebendigkeit außer uns selbst. Es gibt im Grunde keine wirklich zerbrochenen Ehen, die einstige Verliebtheit ist der Garant, es gibt nur nicht gelungene. Deshalb zum Schluss (Seite 183 bis 205) ein Beispiel, wie die Liebe dennoch gelingen kann – wenn die biblische Weisung beherzigt wird: *«Seid aber Täter des Wortes und nicht Hörer allein»* (Jakobus 1,22).

Vierter Paarbrief

**Wirkliche Lebensqualität gründet in der
Qualität der Zweierbeziehung.**

Frankfurt, den 14. März 2000

„Den Wind kann man nicht verbieten.

Aber man kann Mühlen bauen."

Holländisches Sprichwort.

Liebe Paare,

unser ganzes gelebtes Leben wird durchgehend von einem entscheidenden Moment geprägt: Unseren bedeutendsten Beziehungen. Sie machen das Glück oder Unglück unseres Daseins aus. Sie bestimmen unsere wirkliche, die seelische Lebensqualität. Und noch mehr: Die Erfüllung oder Nichterfüllung der zentralen Bindung ist nach den Forschungen der Beziehungsmedizin der langfristig stärkste Faktor für unsere persönliche Gesundheit und Krankheit.

Angesichts dieser lebenswichtigen Priorität geschieht für das Zweierleben so gut wie nichts. Seine Bedeutung für die menschliche Gemeinschaft wird als Privatintimität bagatellisiert, seine Bedingungen werden politisch nicht gefördert – etwa durch wenige Stunden in der schulischen Sozialkunde oder einen führerscheinähnlichen Gesellenbrief der gelernten Ehe – und das in ihren Symptomen offen daliegende Geheimnis des weltweiten Paarsterbens wird verleugnet wie einst das Waldsterben.

Wer sich auf das Wesentliche konzentrieren will, muß die besten Bedingungen seiner bedeutenden Beziehung erkunden und entwickeln. Es trifft sich gut, daß diese Initiative auch die Basis für das ist, was wir uns ersehnen: Glück und Lust - den uralten menschheitserzeugenden Prinzipien der Selbstorganisation. First things first: Fortbildung in Partnerschaft.

Wir möchten Ihnen die hohe Bedeutung der Paarbeziehung für ein gesundes Leben vor Augen führen mit einem kleinen Text, der dem Buch „Gelegenheit macht Liebe. Glücksbedingungen in der Partnerschaft" entnommen ist. Also einige Worte zur Beziehungsmedizin:

BEZIEHUNGSMEDIZIN

Die Beziehungsmedizin, der ich mich in den letzten Jahren verstärkt widme, betrachtet bei Gesundheit und Krankheit das körperliche und seelische Geschehen unter der Perspektive der wesentlichen Bindungen eines Menschen. Die Qualität der bedeutendsten Paarbeziehung steht dabei im Zentrum. Alles spricht dafür, daß die Erfüllung oder Nicht-Erfüllung der zentralen Bindung den langfristig mächtigsten Faktor für Gesundbleiben und Erkranken darstellt. Gute und schlechte Beziehungen haben einen ununterbrochenen, sozusagen chronischen Einfluß, der über physiologische Veränderungen beispielsweise des Kreislaufsystems oder über psychoneuroimmunologische Prozesse schließlich auch körperliche Schädigungen bewirken kann. Die Medizin ist wegen ihrer Individualorientierung weitgehend blind für diesen Zusammenhang. Er läßt sich jedoch schon bei Tieren ermitteln – wie beispielsweise Dietrich von Holst an den monogamen eichhörnchenähnlichen Tupajas Südostasiens nachwies.

Drei Forscher leisteten in meinen Augen entscheidende Beiträge auf diesem Gebiet:

- James Lynch, der nachwies, daß so gut wie alle Krankheiten bei Menschen, die allein leben, doppelt bis vierfach häufiger auftreten. Das für mich erstaunlichste und ermutigendste Ergebnis ist der indirekte Befund, daß trotz der globalen Krise der Partnerschaft Beziehungen im großen Durchschnitt einen günstigen Einfluß entfalten.

- James Pennebaker, der von kleinen Gruppen bis zu ganzen Stadtpopulationen die immunstärkende und gesundheitsfördernde Wirkung des „Opening up", der Offenheit sich selbst und anderen gegenüber, entdeckte und damit die generelle Wirkung aller Gesprächspsychotherapien einschließlich der Psychoanalyse und der Selbsthilfegruppen sicherte.

- Dean Ornish, der in eigenen Forschungen und wissenschaftlichen Recherchen jede Form der Zuwendung und Liebe als bedeutendes Heilmittel auch für den „Spender" ermittelte und daraus seine „revolutionäre Therapie" ableitet.[i]

Für einen unmittelbaren Zugang zu dieser der üblichen Organmedizin ungewohnten Ätiologie sorgen heute am ehesten psychoneuroimmunologische Nachweise. So hat das Forscherehepaar Kiecolt-Glaser bereits den Einfluß der Beziehungsqualität auf Gesundheit und Krankheit nachgewiesen.

Der entscheidende gesundheitspolitische Schluß liegt darin, daß die Paarbeziehung und alle weiteren Bindungen – wie Freundschaften – nicht nur für die Lebensqualität, sondern auch für die seelische und körperliche Gesundheit verantwortlich sind und deshalb an erster Stelle entwickelt und gefördert werden müssen.[ii]

Herzlich

Ihre

Michael Lukas Moeller

Célia Maria Fatia

2

Der springende Funken

Der Funke, der zwischen zwei Menschen überspringt, ist im vollen Sinn der springende Punkt. Denn dieses Bild stammt ursprünglich aus dem Betrachten des punktförmig schlagenden Herzens im Eidotter. Dass aber zwei Herzen springen und überspringen, ist kein Zufall, so sehr die erste Begegnung vom Zufall abhängt, sondern ein blitzartiges, erstaunlich komplexes Geschehen, in dem sich innerhalb von Sekunden eine Beziehungsstruktur bildet, die für die Dauer des Zusammenseins – und das heißt oft lebenslang – die Geschicke eines Paares bestimmt. Dieser magische Moment erschafft so gut wie alles: unser Selbst, unser Wir, unser Leben, unsere kommende Generation. Weil er so mächtig ist, dass er nicht überschätzt werden kann, wird er bis zur Bewusstlosigkeit klein gehalten.

Die folgenden Beispiele von Paaren sind authentisch und nicht erdichtet – wenn auch so verwandelt, dass sie persönlich von anderen nicht erkannt werden können. Sie sind lebendige Vorbilder, eine Anregung für alle, es ihnen gleichzutun. Es geht darum, die eigenen ersten Minuten wachzurufen und aus ihnen einen praktisch höchst bedeutsamen Erkenntnisgewinn zu schöpfen: jene besten persönlichen Liebes- und Lebensbedingungen nämlich, die damals vorlagen und zu der berauschenden Lebendigkeit der Verliebtheit führten. Was damals möglich war, kann auch heute wieder seine Wirkung entfalten. Denn die Beziehungsstruktur hat sich nur in seltenen Ausnahmen wesentlich verändert. Es braucht nur eine Folge themenzentrierter, ungestörter Paargespräche (siehe auch Seite 151 bis 154), um diese kostbare Zeit zu erkunden und fündig zu werden. Dabei kann man dem kommenden Beispiel genau folgen. Erst die eigene Initiative enthüllt diesen vergessenen Reichtum, den jede Paarbeziehung enthält.

Die beiden ersten Minuten

Es folgen Beispiele aus den ersten Gesprächen mit Paaren, die mich aufsuchen.

Drei Eigenschaften zum Verlieben
Annegret und Philipp

MLM: Aus der Zeit, als es zwischen Ihnen funkte, als sie sich also beide verliebten, möchte ich wissen: Welche drei seelischen Eigenschaften am anderen haben Sie so fasziniert, dass Sie sich verliebten?
Vielleicht können Sie die damalige Lage knapp skizzieren: Wie alt waren Sie? Waren Sie in einer Beziehung, brüchig oder fest, oder waren Sie solo? Welche Beziehungserfahrungen konnten Sie in Ihre neue Beziehung einbringen? Wie war Ihr Freundeskreis und Ihre Berufssituation? Dies alles spielt für das Überspringen des Funkens eine Rolle.
Philipp: Es ist 31 Jahre her, als wir uns das erste Mal kennen gelernt haben. Ich war 18, hatte eine Freundin und stand kurz vor dem Abitur. Ein Freund hatte Annegret eingeladen. Wir sind in eine Diskothek gegangen. Sie war ein blondes, sanftes, hochintelligentes Wesen und ihrem damaligen Begleiter, meinem Schulfreund, intellektuell haushoch überlegen. Sie gefiel mir. Ich konnte mich mit ihr auch gut unterhalten. Ich glaube, wir haben uns dann nur noch einmal gesehen, bei einem Ausflug.
Die Beziehung zu meiner damaligen Freundin war zu Ende.

Sie nahm sich einen anderen Mann, war sehr schnell sehr fest mit ihm zusammen, wurde schwanger und heiratete im Folgejahr. Mich hatte das sehr getroffen.

Daraufhin habe ich Annegret ermittelt. Ich wusste ungefähr, wo sie wohnte, aber nicht mehr, wie sie hieß. Es war zwei oder drei Nachbarorte weiter. Ich habe sie aus dem Telefonbuch herausgesucht und sie irgendwann mal angerufen. Sie war damals am Studieren, ich war bei der Bundeswehr.

MLM: Das war also später?

PHILIPP: Mehr als zwei Jahre, kurz vor dem Ende meiner Bundeswehrzeit.

MLM: Nun haben Sie schon eine ganze Menge zu den seelischen Qualitäten gesagt. Warum also Annegret und nicht eine andere Frau?

PHILIPP: Sie war beeindruckend. Das erste Moment: Sie hatte Geist, war für meine Verhältnisse unheimlich intellektuell, hat viel gelesen, war politisch interessiert, hat Gedichte gelesen. Sie war nicht im üblichen Mainstream.

Das zweite Moment: Obwohl sie eine ganz schmale Person war, geradezu zerbrechlich schien, hatte sie gleichzeitig unheimlich Power. Das war der Widerspruch, der sich durch die ganze Zeit unseres Kennenlernens zog. Die Beurteilungen in meiner Familie waren deswegen verkehrt. Der erste Blick, mit dem man Annegret einschätzte, erwies sich immer als falsch.

MLM: Wie meinen Sie das?

PHILIPP: Ich komme aus einer Handwerkerfamilie, da musste schwer gearbeitet werden, da…

ANNEGRET: …hatte er die falsche Wahl getroffen.

PHILIPP: Nein, das stimmt nicht. Da muss ich dich korrigieren. Es war nur der erste Eindruck. Man schätzte sie als zartes Mädchen ein. Und das zarte Mädchen erwies sich dann als gar nicht so zart, sondern als sehr engagiert, als sehr durchsetzungsfähig und auch als durchaus in der Lage, ihre Meinung, ihre Auffassung zu vertreten.

Und das dritte Moment: Sie hat zugehört, und wir haben uns sehr viel unterhalten.

ANNEGRET: Auch ich war achtzehn bei dem ersten Treffen in der Disko und zwanzig, als wir uns wieder getroffen haben. Ich hatte schon angefangen zu studieren, für das Lehramt. Mein Freundeskreis resultierte noch aus der Schule und aus der Umgebung, in der ich lebte. Ich hatte damals kaum Kontakte zu Männern. Sie interessierten mich nicht besonders, weil man sich mit den Herren nicht so gut unterhalten konnte.

Als ich aber mit Philipp in Kontakt kam, war das entscheidende Gefühl, man kann mit diesem Mann unheimlich gut reden. Wir hatten sehr intensive und sehr tief gehende Gespräche. Ich fand ihn sehr reflektiert, er hatte Tiefgang und konnte von sich reden, von den Dingen und der Welt. Das war sehr anspruchsvoll und für mich sehr befriedigend.

Zunächst war das auch gar nicht unbedingt auf eine Mann-Frau-Beziehung ausgerichtet, vielmehr hat es sich erst dahin entwickelt. Ich habe mich später in ihn verliebt. Nicht auf den ersten Blick, sondern im Laufe unserer ersten Treffen. Ich war übrigens solo.

Ich fand ihn zweitens auch sehr geradlinig. Und ich fand ihn sehr begeisterungsfähig. Das sind schon die drei Momente.

Beziehungsqualitäten

MLM: Gut. Jetzt wird es etwas komplexer: Wie lange dauerte damals Ihre intensivere Verliebtheitszeit? Die meisten Paare können sagen, wie lange ihre heiße Verliebtheitszeit dauerte – Wochen bis Jahre –, dann kommt es in der Regel zu einer anderen Phase, es entwickelt sich eine Liebe, eine feste Beziehung, oder der Alltag überrollt einen und so fort.

ANNEGRET: Meine Verliebtheit dauerte vier Jahre. Da hatte Philipp das erste Mal eine andere Frau. Da muss es ja anders gewesen sein.

Verliebtheitszeit mit Herzklopfen und Aufregung habe ich aber auch später noch gehabt, allerdings nicht mehr so oft.

MLM *(zum Mann gewandt)*: Und wie lange würden Sie Ihre Zeit angeben?

PHILIPP: Ich habe gerade überlegt. Zunächst hatten wir eine vom Erotischen, Sexuellen her distanzierte Beziehung.

ANNEGRET: Ja, aber nur ein halbes Jahr.

PHILIPP: Die Beziehung war nicht so, dass wir uns Hals über Kopf verliebt hätten. Ich bin vier Jahre später mit dir zusammen in eine Wohnung gezogern, und wir haben geheiratet. Die Verliebtheitsphase, würde ich sagen, dauerte bis kurz vor diesem Termin.

MLM: Beziehungen haben nun wie Personen auch Qualitäten, sagen wir, zwanzig gute Eigenschaften. Ich möchte Sie bitten, sich nur die drei schönsten Qualitäten Ihrer Verliebtheitszeit bewusst zu machen. Es gibt beispielsweise Beziehungen, in denen die Paare sich ganz zurückziehen, intim und innig werden und Gedichte lesen. Andere brechen wild auf und machen eine Weltreise. So haben Beziehungen unterschiedliche Einfärbungen. Damals hatten Sie vielleicht auch die Vorstellung «wir beide und der Rest der Welt». Was also ist das Bemerkenswerteste an Ihrer Beziehung gewesen?

ANNEGRET: Die gegenseitige Unterstützung, das Verständnis, das Getragenwerden in schwierigen Lebenssituationen. Die emotionale Geborgenheit war für mich auch noch sehr wichtig, Zärtlichkeit, auch Sexualität, aber nicht mit einem großen Stellenwert.

PHILIPP: Kann ich jetzt?

MLM: Sie können dem zustimmen, wenn Sie das Gleiche empfinden. Wenn für Sie aber etwas anderes vorrangig ist, geben Sie es bitte an.

PHILIPP: Es war ein gemeinsamer Aufbruch. Wir kommen beide aus Familien, in denen es nicht üblich war, unverheiratet zusammenzuleben. Die gegenseitige Unterstützung fand ich allein deswegen ebenso bedeutsam. Die Familiensituationen waren die ganze Zeit über ein Thema für uns beide. Wir zeigten Ernsthaftigkeit, die Dinge anzugehen, beispielsweise das Studium oder die damaligen politischen Überlegungen. Das war etwas Besonderes. Es war klar, dass jeder den anderen unterstützt, auch, als Annegrets Vater starb.

Wir sind viel gemeinsam unterwegs gewesen, wir hatten Freunde, mit denen wir vieles unternommen haben.

ANNEGRET: Im Vergleich zu unseren Herkunftsfamilien haben wir uns auch immer noch das Leben gegönnt. Wir haben Reisen gemacht, jedes Jahr, das war sehr ungewöhnlich für uns. Wir haben uns auch Dinge genommen, die unsere Eltern nicht hatten, und uns eine eigene Lebensqualität geschaffen.

MLM: Das sehe ich als ein sehr gutes Zeichen an. Denn für eine gemeinsame Entwicklung sind unbewusste Schuldgefühle, deretwegen man sich nichts gönnen darf, die größte Bremse.

PHILIPP: Die gab es schon.

ANNEGRET: Aber wir haben es doch immer geschafft – trotz dieser Schuldgefühle.

Architekt der eigenen Beziehung

MLM: Ich will Ihnen nun kurz skizzieren, weshalb ich diese Fragen überhaupt stelle. Sie haben neun bis zwölf Momente herausgefunden, drei gute Eigenschaften jeweils des Partners und drei der Beziehung. Diese goldenen Momente sind positive Signale ihrer Beziehung. Man kann eine Beziehung als Kombination zweier Lebensgeschichten betrachten. Eine Lebensgeschichte ist hochpräzise und baut sozusagen durch den vieljährigen Erlebnisprozess, den wir durchmachen – das ist, nebenbei gesagt, die bedeutendste Form des spontanen Lernens –, bestimmte Angstbereitschaften, bestimmte Lustbereitschaften, bestimmte Abwehrbereitschaften auf. Wenn zwei sich treffen, kombinieren diese Valenzen sich auf eine einzigartige Weise. Wir werden in diesem magischen Moment auf ganz besondere Weise aktualisiert – ein anderer Partner würde andere Seiten mobilisieren. Es gibt keine zweite identische Beziehung auf Erden.

Was Sie nun in diesen Momenten herausgefunden haben, ist eine Essenz dieser Kombination und damit Ihr realistisches psychologisches Fundament. Das kann Ihnen nie abhanden kommen. Da es aber doch nach ein paar Jahren verschwunden ist, muss man sich fragen, was damit geschah. Die Antwort ist wichtig: *Das Fundament ist verschüttet, aber nicht verloren.* Was Sie sich jetzt mit dem Auffinden der goldenen Merkmale erarbeiteten, ist also ein Stück konkrete Utopie, Ihr Prinzip Hoffnung.

Es kommt nun darauf an, dass man als Paar aktiv und bewusst – etwa in einigen Zwiegesprächen – jene Lebens- und Liebesbedingungen der Verliebtheitszeit, die einem sozusagen vom Zufall oder Schicksal gratis zur Verfügung gestellt wurden, erkundet, um sie in den heutigen Alltag einzubauen. Damit werden Sie zu Architekten Ihrer eigenen Beziehung.

Zeit, Gespräch, Anerkennung
Liebesbedingungen von Susann und Manfred

Ein Paar mittleren Alters kommt zu mir in einer chronischen, nun sich zuspitzenden Krise, die durch plötzliche Abbrüche und Trennungsimpulse gekennzeichnet ist. Der Ausschnitt aus ihrem Gespräch umfasst in kürzester Form die faszinierenden Eigenschaften, dann aber vor allem das *Erkunden der Lebens- und Liebesbedingungen*, die damals ihre Verliebtheit überhaupt aufblühen ließen. Dieses *Liebesfeld* ist in jedem Falle hochkomplex. Was im ersten Überblick zur Sprache kommt, ist eine noch sehr grobe Struktur. Die feinen, ganz intimen Liebesbedingungen, auf die es ebenfalls ankommt, ergeben sich erst in einer

Serie fokussierter Gespräche. Doch ist es sehr wohltuend für die aktuelle Misere, sich klar zu machen, auf welche wesentlichen allgemeinen Liebesbedingungen beide zu wenig achteten. Es geht also darum, für die krisenhafte Gegenwart günstigere Bedingungen präzise zu ermitteln und natürlich weitgehend im Alltag zu realisieren.

MANFRED: Das war auf einem Campingplatz, wo ich sie ganz zufällig zwischen den anderen Jugendlichen im Zeltlager getroffen habe. Sie war 15, und ich habe ihre Augen gesehen mit einem Anflug von einem scheuen Lächeln. Ich war gleich ganz nah bei ihr, als ich sie sah. Ich war 19 und hatte eigentlich eine Beziehung zu Hause, schon zwei Jahre lang. Ich war sozusagen gebunden. Die Schule war gerade vorbei.

MLM: Versuchen Sie nun, die drei seelischen Eigenschaften herauszufinden, die Sie faszinierten. Sie haben die Augen erwähnt und dieses scheue Lächeln. Was sprachen die Augen?

MANFRED: Wärme und Verbundenheit.

MLM: Empfinden Sie beides unterschiedlich?

MANFRED: Ja. Und eine Traurigkeit.

MLM: Was ist das mit dem scheuen Lächeln?

MANFRED: Das Zurückhaltende, das faszinierte mich. Sie war sehr jung, sie war fünfzehn, so vorsichtig.

MLM: Die Zurückhaltung kommt also zu den drei ersten Momenten hinzu, Wärme, Verbundenheit und Traurigkeit.

SUSANN: Ich glaube, mich faszinierte mehr sein äußeres Verhalten: Seine «Die Welt gehört mir»-Haltung. Das hat mir imponiert. Trotzdem erschien er mir sehr unsicher. Er hat sich gar nicht zu mir getraut, er war scheu, gleichzeitig aber einer, der sehr mutig auf die Welt zugeht.

MLM: Kühn?

SUSANN: Ja, mir kam es so vor, erobernd. Genau!

MLM: Das wäre die erste Dimension. Die Welt gehört mir. Er kommt von außen und von oben sozusagen. Das ist das eine, und das andere ist, dass er sehr unsicher war in Ihren Augen.

SUSANN: Was mich beeindruckte, war eine Arroganz, die mich heute abstößt.

MLM: Hatten Sie beide eine Verliebtheitszeit?

SUSANN: Ja, drei Jahre später, mit achtzehn, als ich ihn besuchte.

MLM: Fast jedes Paar erlebt am Anfang eine Zeit der besonders intensiven Verliebtheit, bis sich dann Haus, Hof, Kinder und Alltag einstellen und alles anders wird. Welche drei schönsten Qualitäten hatte Ihre Beziehung? Was kennzeichnete im positiven Sinne Ihre Verliebtheitszeit damals?

SUSANN: Ich war nun erstmals in einer großen Stadt und hatte nur Augen für Manfred. Er war diese drei Monate meine einzige Beziehung, ich war ziemlich verliebt. Das war okay. Egal, was er gemacht hat, ich habe es akzeptiert, so wie es war.

Danach habe ich mich aber von ihm getrennt und einen anderen geheiratet im Ausland. Dann konnte ich ihn nicht vergessen und kehrte zurück.

Die drei Qualitäten der Beziehung – für dich war es wahrscheinlich der Sex. Du sagst, dass wir immer zusammen geschlafen haben.

MANFRED: Ja, wobei ich einfach das Gefühl gehabt habe, dass in dir eine ganz große Offenheit war für mich. Ich habe mich akzeptiert gefühlt unter einem Dach und das heißt in meinen sexuellen Bedürfnissen, aber auch in den restlichen Dingen.

SUSANN: Für mich war es klar, aber für dich nicht so. Du warst noch am Gucken, was die anderen Frauen machen. Ich wollte aber keinen Mann, der nicht zu mir steht. Vielleicht reicht das, was die damaligen Qualitäten betrifft.

MLM: Gut. Der Erkenntnisgewinn aus der damaligen Zeit besteht vor allem darin, sich die Liebesbedingungen oder Lebensbedingungen bewusst zu machen, die erfüllt waren, als Sie sich verliebten, und die heute nicht mehr gegeben sind.

MANFRED: Die Akzeptanz, das heißt, dass ich mich so, wie ich war, akzeptiert gefühlt habe. Jetzt fühle ich mich nur unter einem Dauerfeuer der Kritik. Ganz viele meiner Eigenschaften, inklusive sexueller Bedürfnisse, aber auch andere stehen unter Beschuss. Ich habe mich akzeptierter gefühlt, und das ist mit Sicherheit meine Basis für unsere Beziehung, weil ich ein Problem habe, mich akzeptiert zu fühlen.

SUSANN: Mir kommt es so vor, als wäre ich damals verliebt gewesen und hätte den Hass nicht gesehen. Ich habe dich nicht durchschaut. Ich weiß noch, wie sehr ich auch während der ersten Heirat von dir geträumt habe. Du warst für mich damals ein anderer Mensch, ein ganz selbstbewusster Typ, und heute bist du für mich das Gegenteil. Ich kann aber nicht sagen, was heute nicht da ist.

MLM: Haben Sie damals mehr Zeit miteinander gehabt?

SUSANN: Ja.

MANFRED: Definitiv. Ich habe studiert.

MLM: Und haben Sie damals mehr miteinander gesprochen als heute?

MANFRED: Wir haben in den letzten zehn Jahren eine andere Gesprächskultur gehabt als in den letzten zwei Jahren, wo wir viel weniger miteinander reden und viel feindlicher miteinander sind. Wir hatten immer über unsere Beziehung Gespräche – eine Stunde oder anderthalb alle zwei bis drei Wochen. Wir haben einfach miteinander geredet. Danach ergab sich immer ein ganz großes Einverständnis – und das ist jetzt weg.

SUSANN: Das war, als wir achtzehn waren, als wir verliebt waren.

MANFRED: Ich war auch sehr verliebt, als du vor zehn Jahren herkamst. Darauf beziehe ich mich auch.

MLM: Es waren also drei Bedingungen gegeben, die damals im Kontrast zu heute vorhanden waren: mehr Zeit füreinander, mehr wesentliche Gespräche und Anerkennung. Wechselseitige Anerkennung gehört zu den drei entscheidenden Qualitäten einer guten Beziehung – Offenheitsbereitschaft und Zuwendungsbedürfnis kommen hinzu. Aber man kann sie nicht so ohne weiteres verlangen oder herbeizaubern. Vielmehr sind sie an Einfühlung gebunden. Und wechselseitige Einfühlung wächst durch die Gespräche. Wir sind im Verliebtheitszustand natürliche Zwiegesprächler und schildern dem anderen ununterbrochen unser Selbstporträt und unsere Art, die Welt zu erleben. Es geht also für Sie darum, vor allem die Gespräche in den Alltag einzubauen – und mehr Zeit füreinander zu reservieren.

SUSANN: Wenn man es jetzt so klar sieht, müsste es zu realisieren sein.

Getrennt wohnen, Unternehmungslust, viel Zeit und kein Ausgepowertsein
Liebesbedingungen von Max und Ruth

> «Die Einheit des Orts und das Drama. –
> Wenn die Ehegatten nicht beisammen lebten,
> würden die guten Ehen häufiger sein.»
> Nietzsche, «Menschliches, Allzumenschliches»
> Erster Band, Nr. 393

Ein junges Paar, drei Jahre zusammen, kommt, weil es «vor einiger Zeit einen richtig großen Krach» erlebte, eine «Explosion all der Dinge, die wir nicht geändert haben, obwohl einige Ansätze da waren». Der Gesprächsausschnitt betrifft nur das Erkunden der Liebesbedingungen.

MLM: Jetzt zur zentralen Frage: Welche Liebesbedingungen oder Lebensbedingungen waren damals vor drei Jahren gegeben, die heute nicht mehr vorhanden sind?

RUTH: Wir wohnen jetzt zusammen.

MLM: Meinen Sie also, das Nicht-Zusammenwohnen damals war eine wichtige Bedingung?

RUTH: Anscheinend ja, wenn man es so sieht, ja. Man kommt besser zu sich, wenn man nicht zusammenlebt. Als wir zusammengezogen sind, hat es bei uns öfters geknatscht. Wir hatten paradoxerweise weniger miteinander zu tun als vorher, fand ich. Andererseits ist es auch superschön, zusammenzuwohnen. Ich finde es auch sehr angenehm, habe mich aber trotzdem oft gefragt, ob es das ist, was ich eigentlich will.

MAX: Ich denke, wir waren unternehmungslustiger – und zwar beide.

RUTH: Wir hatten auch beide mehr Zeit, wesentlich mehr Zeit als jetzt.

MLM: Hing Ihre Unternehmungslust an der Zeit oder nicht? Nehmen wir einmal an, Sie hätten heute so viel Zeit wie damals, wären Sie dann genauso unternehmungslustig?

MAX: Ich denke, ich schon. Wir würden wesentlich mehr zusammen unternehmen, ja.

RUTH: Dadurch, dass wir so wenig Zeit haben, sind wir auch einfach erschöpft und müde, wenn wir zu Hause sind. Die Zeit hätten wir faktisch, wir könnten abends weggehen, aber wir sind beide zu sehr geschlaucht, als dass wir uns aufrafften.

MLM: Ausgepowert sozusagen?

RUTH: Ja.

MLM: Vier Bedingungen waren es also: Sie wohnten nicht zusammen, Sie waren sehr unternehmungslustig. Sie hatten wesentlich mehr Zeit, und Sie waren nicht so ausgepowert. Wenn man das zu Ende denkt, läuft es auf eine einzige entscheidende Bedingung hinaus: Sie hatten damals sehr viel mehr Zeit. Sie hatten aber offensichtlich auch weniger zu arbeiten – ist das korrekt? Und dann bleibt die Frage, ob Sie die Bedingungen auch so sehen – oder ist Ihnen noch etwas anderes eingefallen?

MAX: Nein, das passt sehr, sehr gut. Dieser Zeitfaktor, denke ich, stand weit oben. Das ist die Hauptbedingung.

MLM: Was mich wundert: Eine wesentliche Liebesbedingung haben Sie nicht erwähnt, nämlich miteinander zu sprechen.

RUTH: Das tun wir, finde ich, nicht mehr, seitdem wir zusammenwohnen. Am Anfang war es sehr schwierig. Wir sind zusammengezogen, während Max seine Arbeit schrieb und ich in meinem Job anfing. Ich war viele Stunden außer Haus, er hat seine Diplomarbeit geschrieben. Das war ein bisschen zu viel. Wir haben in der Zeit das nötige Leben geregelt und sonst nichts, gar nichts. Und da haben wir uns auch ganz schön voneinander entfernt, würde ich sagen.

MLM: Nun könnte man sich aber denken, einmal sind ja Magisterarbeit und Jobanfang zu Ende, und dann müsste sich ja nun alles wieder regeln.

RUTH: Das war ja das, was wir dann gemerkt haben: Das geschah nicht.

MLM: Und warum nicht?

MAX: Ich würde ehrlich sagen, aus eigener Faulheit, aus Bequemlichkeit, Dinge im Sande verlaufen zu lassen.

Paare sprechen für sich

«Die Ehe ist eine Einrichtung
zur Erzeugung gemeinsamer Gewohnheiten.»
Tilla Durieux

Den wörtlichen Protokollen folgen nun Skizzen aus den Berichten, die ich unmittelbar nach den ersten Gesprächen festhielt.

«Meine Frau ist lebensbedrohlich lebendig»

Es geschah vor zwanzig Jahren. Er war damals achtundzwanzig, verantwortlich für die Suche nach einer leitenden Mitarbeiterin. Seine Ehe sei am Ende gewesen. Sie seien sich also erstmals im Beruf begegnet. Und sie habe noch vor der Vorstellung als Erstes gesagt: «Sie sind der Mann meines Lebens.»

An ihr faszinierte ihn:

1. sie ermutigte ihn zu sich selbst;
2. ihr forsches Auftreten;
3. die frappierende Ehrlichkeit, ihr Wahrheitsfanatismus
   Sie bemerkte über ihn: «Ich sah ihn und wusste: Das ist der Mann meines Lebens. Ich habe ihn seit meiner Kindheit gesucht. Es ist mit einem Schlag alles klar gewesen.»
   Für sie waren die drei faszinierenden Eigenschaften an ihm:
1. sein liebevoller weicher Charakter;
2. kein Macho, sehr großzügig;
3. mir war sofort klar: «Ich kann ihn führen.»

Welche Beziehungsqualitäten waren die besten? Beide meinen:

1. «Wir sind immer im Gespräch.» Im Urlaub hatte er ihr sechs bis sieben Stunden ununterbrochen zugehört.
2. Ihrer beider nie endende, geradezu überschüttende Liebe, die sie wechselseitig nicht beschämte, sondern erfreute. Locker und direkt.
3. Gemeinsame Fantasien , «was wir alles machen sollten».

Wenn er überhaupt ein Problem habe, würde er sagen: «Meine Frau ist lebensbedrohlich lebendig.» Beispielsweise forderte sie ihn auf, eine Fabrik zu gründen. Sie zeigte ihm ein großes Grundstück und sagte: «Mach es!» Er sagte: «Das kostet aber Millionen Mark, und ich habe keinen Pfennig.» Sie sagte: «Das macht nichts, das kriegen wir hin.» Und das hätten sie glänzend hinbekommen.

Seine Neigung zu beleidigtem Rückzug, bemerkte sie noch, habe sie ihm in einigen Jahren ausgetrieben. Ich erwähne das hier, weil dieses hochgradige Gift in der Beziehung schwand und damit ein Beispiel darstellt für eine gelungene seelische Entwicklung in der Ehe.

«Der erste Mensch,
mit dem ich Kinder haben möchte»

Ein Paar mittleren Alters. Seit sechs Jahren verheiratet. Er sei ständig mit der anderen Beziehung seiner Frau konfrontiert. Das koste ihn einen Haufen Kraft. Er liebe sie aber sehr. Ihre Beziehung war vollständig eingeschlafen. Durch die Affäre sei sie wachgerüttelt worden. Er fühle sich jetzt wie neugeboren.

Sie erlebte an ihm eine erstaunliche Stärke. Erst in der Trennung habe sie begriffen, wen sie verloren hatte. Sie habe mit ihm Glück gehabt, und jetzt bestehe vielleicht eine Chance, noch etwas zu retten. Sie habe an ihrem Mann erlebt, wie aus einem bloßen Partner ein Mensch geworden sei.

Er bemerkte: Sie arbeiteten in derselben Firma und hatten gemeinsam eine Geschäftsreise geplant. «Ich wusste, dass sie verheiratet war.» Das beflügelte vielleicht seinen Eroberungsdrang. Sie hatten Sex zusammen, doch hatte sie gleich danach das Zimmer verlassen. Er habe das als Zurückweisung erlebt, dann aber entdeckt, wie riesig ihre Anziehungskraft war. Nach zwei Wochen schon habe sie ihrem Mann Bescheid gegeben. Der habe sofort den Rückzug angetreten.

Die drei Eigenschaften, die er an ihr schätzte:
1. ihre große Gesprächsbereitschaft;
2. ihr Humor;
3. ihre Power, die große Energie.

Sie: «Er hat mich sozusagen in die Ecke gedrängt. Ich spürte eine enorme Kraft.» Ihre Ehe sei zuvor perfekt gewesen, nie habe es Krisen gegeben, alles hätten sie zusammen gemacht. Die gleiche Weltanschauung. Aber sie sei ein Kind, «das gerne mit dem Feuer spielt».

Sie faszinierte an ihm:
1. sein reiches Sprechen;
2. «Ein Mann, der wusste, was er wollte»;
3. er wirkte irgendwie unbeschützt. Das mobilisierte ihren Mutterinstinkt.

Beziehungsqualitäten:

1. Eine starke Frau, die einem Mann das Leben ordnet. Sie konnte ihn zu sich selbst bringen. Das befriedigte auf beiden Seiten.
2. Sie hätten sich beide sehr viel gegeben. Er sei beispielsweise viel weltgewandter geworden.
3. Bei jedem war die Erkenntnis klar: Das ist der erste Mensch, mit dem ich Kinder haben möchte.

«Liebe auf den ersten Blick»

Ein jüngeres Paar, sie Apothekerin, er Kunstschmied. Sie beginnt: «Ich hatte eine Beziehung zu einem anderen Mann. Die Trennung (von ihrem jetzigen Partner, dem Kunstschmied) stand bevor. Jetzt aber wollen wir zusammenbleiben. Das Problem liegt darin, dass ich den Kontakt zu dem anderen Mann nicht abgebrochen habe. Wir sprachen nach der aushäusigen Verliebtheit so gut, wie ich es nie kannte.

Es ist viel Angst aufgekommen, aber auch viel Klarheit und viel Perspektive. Mir wurde deutlich: Ich muss offener werden und die schlimmen, negativen Gefühle aushalten.»

Er: «Die Basis der Verbundenheit ist immer geblieben. Jetzt ist die Beziehung freier, erotischer mit mehr Hingabe, mit größerer Fähigkeit, den Partner auszuhalten, eine Freude, miteinander einzuschlafen und nachts in großer Entspannung ohne die sonstigen Störungen zu ruhen.»

Sie: «Die aushäusige Beziehung war eine Zäsur. Die Beziehung kann gar nicht mehr mit der vorangegangenen Ehezeit verglichen werden. Jetzt ist es so schön, dass ich es kaum glauben kann. Manchmal denke ich, vielleicht stehe ich auf einem zu dünnen Eis. Aber ich genieße es. Ich fühle mich zum ersten Mal in der Ehe geborgen. Ich erlebe unsere Erotik als etwas, was auch weit weg ist vom Alltag. Manchmal nehmen wir uns so viel Zeit füreinander, dass ich sogar den beiden Kindern gegenüber ein schlechtes Gewissen habe. Am besten, ich nehme es so, wie es ist, und denke nicht weiter nach.»

Er: «Manchmal gehen wir schweigend über Land, bis sich etwas einstellt, bis etwas aufkommt. Ich habe zuvor dreißig Zigaretten geraucht. Schlagartig wurde ich zum Nichtraucher, als ich mich traute, meine Wünsche offen auszusprechen. Ich konnte sie auch in ihren heftigen Vorwurfsattacken und anderen Äußerungen belassen. Mir wurde bewusst, es gibt eine Zeit nach dem Sturm.»

Zu den ersten drei Minuten sagt das Paar:

Er sei 22 Jahre alt gewesen, Zivildienstleistender, suchte ein Zimmer. In einer Wohngemeinschaft traf er sie. Es war in den ersten drei Sekunden passiert. Liebe auf den ersten Blick, offen, frisch, jung, das blühende Leben, eine Schönheit, lange Haare, die sie nach oben band.

Ihre drei seelischen Eigenschaften:

1. ihre Offenheit;
2. ihre Lebensfreude;
3. ihre Güte.

Später wurde ihm an den gütigen Augen klar, dass in ihrer Wärme das Wesen seiner Kinderfrau von früher enthalten war. – Die Figur, die hinter den seelischen Eigenschaften steht, wird in der Regel nicht sichtbar, ist aber immer gegenwärtig. Mit den Eigenschaften wird stets eine Figur des Unbewussten vermessen.

Und er setzt fort:

4. ihr Sexappeal – nämlich ihre Art, sich zu kleiden: frech, wider die Konventionen, selbstständig, intelligent. Sexappeal ist für ihn die Selbstständigkeit der Frau;
5. ihre Großzügigkeit.

Sie: Sie sei zwei Jahre älter als er, damals also 24. Sie sei in einer schon fünfjährigen Beziehung zu einem sehr viel älteren Mann gewesen. Er, der Neue, habe auf eigenartige Weise im Stuhl gesessen: «kadettenhaft». Das habe sie sofort an ihren

Vater erinnert, aufrecht, quasi militärisch. Sie sagte zur Wohngemeinschaft: «Ja, den nehmen wir.»

Sie faszinierte an ihm:

1. das Jungenhafte;
2. seine Emotionalität, Wärme, Spontaneität und seine Fähigkeit, Zuneigung zurückzugeben;
3. dem entgegengesetzt auch seine spröde Art, sein Verhalten, sich nicht so leicht kriegen zu lassen;
4. seine Begeisterungsfähigkeit.
5. seine Großzügigkeit.

Sie fügt hinzu: «Nach diesen ersten drei Minuten wurden wir ein Paar erst drei Jahre später. Da wurde eingelöst, was vom ersten Tag an da war. Da er sozial nicht viel hatte bieten können, ist unsere Beziehung insoweit mutig gewesen. Ich blieb noch drei Jahre in der bestehenden Beziehung zu dem anderen, älteren Mann, obwohl ich zwischen beiden hin und her pendelte, auch erotisch.»

Die drei bedeutendsten Beziehungsqualitäten formulieren sie so:

1. gemeinsamer Mut gegen moralische Konventionen;
2. viele schöne Sachen gemeinsam tun: «Jeden Tag neu erfinden»;
3. die Erotik, obwohl auch in der vorigen Beziehung die Erotik im Zentrum stand. Der Kuss, den sie sich nach zwei Jahren endlich gaben, hat sehr viel versprochen.

Sie bemerkte: «Du warst sehr unerfahren, aber wir kamen aus dem Bett nicht heraus. Ich bin satt geworden.» Früher waren es gelegentliche Glanzlichter, jetzt habe sie das Gefühl gehabt: «Es ist genug da.» – Er ergänzte: «Ich habe das Gefühl gehabt, es hält. Ich wurde von Tag zu Tag potenter. Ich fragte mich, wenn ich nicht hier Halt mache, wo soll ich sonst im Leben anhalten? Wenn ich Kinder möchte, wo denn, wenn nicht mit ihr?»

«Ich hoffte auf eine Partnerin, die mich mit zu viel Nähe nicht überforderte»

Er: «Mein Grundgefühl in der Kindheit war das Empfinden, nicht wirklich dazuzugehören. Für meinen Vater war alles gut, wenn alle da waren und nichts von ihm wollten. Er war nicht in der Lage, sich zu stellen. Jetzt, in der letzten Phase unserer Beziehung, wurde ich mir meines Lebens bewusster und damit unzufriedener. Ich habe mit Liebe und Verliebtheit Schwierigkeiten. So bin ich auch nicht verliebt gewesen. Ich habe einen Überdruss an Alleinleben gehabt und hoffte auf eine Partnerin, die mich mit zu viel Nähe nicht überforderte. – Ein Jahr nach dem Kennenlernen entstand zwar keine direkte Verliebtheit, aber ein inneres Ja. Offensichtlich war das seine sehr vorsichtige Art, mit stark bindenden Gefühlen umzugehen.

Er liebte an ihr:

1. dass sie alles in die Hand genommen hat (nämlich ihre Begegnung und Beziehung);
2. keine Scheu kannte und auch aktiv in der Sexualität wurde;
3. «angenehm hysterisch war» – das heißt, es war immer etwas los. So hat sie um zwei Uhr nachts angerufen, mit ihm ein Drei-Stunden-Gespräch geführt – und dann sollte er kommen, was ihm allerdings zu viel war. Das Ganze erzählt er lachend.

Sie sei in einer Umstellungsphase gewesen, weil eine dreijährige Studentenbeziehungsgeschichte schmerzlich zu Ende ging. Sie faszinierte an ihm:

1. «seine Augen, das bedeutete seine Wärme und Lebendigkeit»;
2. «seine Stimme – sehr viel Geduld»;
3. «Er hat sich mir nicht entzogen, wieder die Warmherzigkeit, wenn auch vorsichtig. Dass die Aktivität bei mir lag, hat mir sehr gelegen.» Sie begegnete in ihm dem ersten Mann, der sich abgrenzen konnte – ohne sie zu verletzen.

Die Beziehungsqualitäten schildern sie getrennt, offensichtlich, weil sie empfinden: Meine Beziehung ist nicht deine Beziehung, obwohl es keine andere ist.

Er:

1. «Eine unproblematische Beziehung – was im Grunde gar nicht stimmt –, das Grundgefühl, beide seien frei gewesen, war ausgeprägt.»
2. «Wir kommen gut mit der Beziehung zurande, können sie leicht regeln.»
3. *(Spät:)* «Erotisch.»

Sie:

1. «Frei von Konventionen. Es gab keine konventionelle Rolle, auch unsere Sexualität war unkonventionell.»
2. «Ich kann nichts falsch machen!»
3. «Alles war geheim – wir waren viel für uns, kein Freundeskreis, keine Familie.»

Was macht verliebt?

Über sechshundert Personen gaben auf einem «Shorty»-Fragebogen an, welche drei Eigenschaften am anderen sie so faszinierten, dass sie sich verliebten. Den Berichten der Paare folgen nun also Fragebogenbefunde.

Wo verlieben sich Paare?

Neugierig macht, wo Menschen sich heute verlieben. Denn dort könnte man sich als Suchender vorteilhaft aufhalten. Wie wahrscheinlich schon seit Jahrtausenden stehen die Feste voran (Party 23,4 Prozent), wenn man nicht die Weiterbildungskurse mit dem Arbeitsplatz bündelt und einer Leistungsgesellschaft angemessen den höchsten Wert (27,4 Prozent) im eigentlich für die Libido nicht vorgesehenen Berufsfeld findet:

Zehn Gelegenheiten machen Liebe

1	auf einer Party	23,4
2	bei einem Kurs	14,9
3	am Arbeitsplatz/Ausbildung/Studium	12,5
4	bei Freunden	11,7
5	im Café	8,4
6	im Urlaub	6,2
7	auf einem Ausflug	2,9
8	per Anzeige	2,1
9	in der Schule	1,5
10	(andere	16,4)

Was faszinierte Hunderte von Verliebten?

Fragebögen ergeben andere Resultate als ein unmittelbares Gespräch. In unserem erwähnten natürlichen Laboratorium, den wachsenden Zwiegesprächsnetzen von dyalog mit insgesamt mehr als tausend Paaren in zwölf Städten (siehe www.dyalog. de), sind manche entscheidenden faszinierenden Eigenschaften randständig, die in der Paarsprechstunde an erster Stelle stehen, beispielsweise: «Ich konnte mit ihm/ihr sehr gut reden.» Dennoch sind die genannten Faszinationen faszinierend. Und dies aus drei Gründen:
Zum einen ist es für jede und jeden von höchstem Interesse, welche Anziehungskräfte wirklich wirken. Denn auf diese Seiten des eigenen Verhaltens könnte sich ja ein wachsamer Blick richten, um sie bevorzugt zu entwickeln – beispielsweise auf die Offenheit, das Opening-up, das seine enorme Vorrangstellung (in unserer Studie zu 34,1 Prozent) nach allen Forschungen mit

höchstem Recht einnimmt. Sie ist die zentrale Essenz aller Beziehungen, weil sich ohne sie nichts binden könnte. Sie gilt den Bindungstheoretikern als die entscheidende Eigenschaft der Erwachsenen, um durch die Identifikation schon in den ersten Lebensmonaten bindungsfähige Kinder heranwachsen zu lassen. Sie stärkt das Immunsystem und fördert damit durchgehend die Gesundheit. Und eben deswegen wird Offenheit von uns so köstlich erlebt.

Die zweithäufigste Faszination geht von der Freundlichkeit aus, wird aber nur von einem Viertel (25,6 Prozent) genannt. Viele Eigenschaften, die wir hoch schätzen, werden nur ein- bis zweimal in hundert Fällen angegeben – beispielsweise Geborgenheit, Zärtlichkeit und Geduld. Und raten Sie einmal, welchen Rang der Sex in diesem heißen erotischen Augenblick einnimmt? Er gehört zu den Schlusslichtern. Erotik entsteht eben aus seelischen Eigenschaften, nicht durch Plotzpardauze.

Zum andern ist die Bandbreite der magnetisch anziehenden Eigenschaften ungewöhnlich groß. Die unglaubliche Vielfalt menschlicher Bindungskräfte wird daran sichtbar. Insgesamt ermittelten wir, wie erwähnt, bei über sechshundert Personen aus Seminaren und Vortragsveranstaltungen des Jahres 2001 fünfunddreißig Eigenschaften, die den magischen Moment bewirkten – und schon diese sind gebündelt oder zusammengefasst. Selbst das bedeutendste, alle anderen überragende Merkmal, die Offenheit, wird insgesamt von nur etwa einem Drittel genannt.

Zum Dritten wurde mir erst während dieser Forschungsarbeit klar, dass alle Eigenschaften in eine einzige Bedeutung münden: Sie entsprechen den besten Liebesbedingungen; sie sind die günstigsten Voraussetzungen, eine Beziehung zu entwickeln und zu erhalten. Deshalb empfinden wir sie als wohltuend, ja faszinierend. Sie konstituieren beispielsweise unsere Konfliktfähigkeit, den Kern der Entwicklungsfähigkeit und Harmonie, allein mit den vier erstgenannten Eigenschaften: Offenheit, Freundlichkeit, Eigenständigkeit und Humor.

Bemerkenswert ist übrigens die Tatsache, dass es sich um selbst formulierte Nennungen handelt. Obwohl diese Umfrage nach der Faszination der Verliebtheit sicher weltweit einmalig ist, stimmt sie mit anderweitigen Partnerwahlforschungen überein – nicht zuletzt mit den stammesgeschichtlichen Befunden.

Folgende 35 Eigenschaften machten verliebt (bei 641 Personen aus dem Publikum bei Paarvorträgen sowie Zwiegesprächsseminar-Teilnehmern in fünf Großstädten, nach Häufigkeit in Prozenten):

Die ersten zwölf Faszinationen der Verliebten

	1. Eigenschaft	2. Eigenschaft	3. Eigenschaft	gesamt
1. Offenheit	12,6	7,9	6,7	27,2
Spontaneität	3,4	1,6	1,9	6,9
	16,0	**9,5**	**8,6**	**34,1**
2. Freundlichkeit	5,4	4,6	3,0	14,0
Warmherzigkeit	2,6	1,8	1,8	6,2
Menschlichkeit	0,7	2,8	1,9	5,4
	8,7	**9,2**	**6,7**	**25,6**
3. Selbstbewusstsein	2,3	2,6	4,1	9,0
Stärke	2,0	2,8	1,6	6,4
Eigenständigkeit	1,6	1,8	1,4	4,8
	5,9	**7,2**	**7,1**	**20,2**
4. Humor	**5,9**	**6,3**	**4,6**	**16,8**
5. Einfühlsamkeit	2,3	3,0	4,6	9,9
Sensibilität	1,5	2,0	1,4	4,9
Verständnis	1,1	1,7	1,9	4,7
	4,9	**6,7**	**7,9**	**19,5**
6. Lebendigkeit	3,4	4,6	2,3	10,3
Aktivität	1,5	1,8	2,1	5,4
	4,9	**6,4**	**4,4**	**15,7**

7. Ausgeglichenheit	3,3	2,1	1,9	7,3
Gelassenheit	1,6	1,3	1,2	4,1
	4,9	**3,4**	**3,1**	**11,4**
8. Zuverlässigkeit	2,0	3,0	2,1	7,1
Vertrauen	0,7	1,6	1,6	3,9
	2,7	**4,6**	**3,7**	**11,0**
9. Interesse an mir	**2,3**	**3,5**	**3,2**	**9,0**
10. positive Einstellung zum Leben	**2,3**	**2,5**	**3,4**	**8,2**
11. Intelligenz	**1,8**	**3,8**	**3,0**	**8,6**
12. Natürlichkeit	**1,8**	**0,8**	**1,6**	**4,4**

Aussehen (14,1; 11,2; 11,1%) und Ausstrahlung (10,0; 7,2; 6,5%) wurden zwar häufig angegeben, sind jedoch keine seelischen Eigenschaften. Mit «Aussehen» ist in der Regel ein attraktives, für den Betrachtenden schönes Aussehen gemeint. Schönheit ist – und bedeutet vor allem seelisch – für jeden etwas anderes. Sollten Sie beim Aussehen Ihres Partners oder Ihrer Partnerin beharrlich verweilen, fragen Sie sich: «Was spricht ihre oder seine Schönheit?», und Sie kommen auf jene seelische Eigenschaft, die schön macht. «Es gibt», sagte etwa Robert Musil, «vielleicht auf der ganzen Welt kein anderes Mittel, ein Ding oder Wesen schön zu machen, als es zu lieben» – was nun zwar auch noch keine Eigenschaft bezeichnet, aber deutlich macht, was wir alles unter Aussehen verstehen können.

Die Bedeutung der weiteren Faszinationen liegt vor allem darin, dass solche Eigenschaften überhaupt frei und ungesteuert aufgekommen sind («Ehrlichkeit» gaben beispielsweise 28 Personen an). Darunter sind höchst bedeutsame wie Gesprächsfähigkeit und viel diskutierte wie Sex, Normalität und Abenteuerlust.

Weitere Faszinationen des ersten magischen Moments

	1. Eigenschaft	2. Eigenschaft	3. Eigenschaft	gesamt
13. Ehrlichkeit	1,6	1,7	1,2	4,5
14. Gesprächsfähigkeit	1,5	1,5	1,4	4,4
15. Kreativität	1,1	1,0	1,8	3,9
16. Verletzlichkeit	1,1	0,7	1,4	3,2
17. Bodenständigkeit	1,0	1,5	1,4	3,9
18. Charme	1,0	0,8	1,4	3,2
19. Individualität	1,0	0,5	1,6	3,1
20. Schüchternheit	0,8	1,0	0,2	2,0
21. Exotik	0,7	1,0	1,6	3,3
22. Jugendhaftigkeit	0,7	1,0	0,4	2,1
23. Ernsthaftigkeit	0,7	0,8	1,8	3,3
24. Sex	0,5	0,2	1,8	2,5
25. Zärtlichkeit	0,5	0,2	1,2	1,9
26. Weiblichkeit	0,5	0,2	0,9	1,6
27. Geborgenheit	0,3	0,5	0,7	1,5
28. Normalität	0,3	0,5	0,4	1,2
29. Männlichkeit	0,2	0,2	0,0	0,4
30. abenteuerlustig	0,2	0,3	0,2	0,7
31. Großzügigkeit	0,0	0,8	1,8	2,6
32. Flexibilität	0,0	0,7	1,1	1,8
33. Beharrlichkeit	0,0	0,3	0,7	1,0
34. Geduld/Toleranz	0,0	0,2	0,0	0,2
35. Perfektionismus	0,0	0,0	0,2	0,2

Was im Geliebten zum Vorschein kommt:
Mutter, Vater und das Selbstideal

Die Eigenschaften haben aber noch einen anderen Zusammenhang als den zur unüberschätzbaren Entwicklungsfähigkeit: den mit den eigenen Eltern und dem eigenen Selbstideal.

Wem war die faszinierende Eigenschaft ähnlich?

	erstrangige Eigenschaft	zweitrangige Eigenschaft	drittrangige Eigenschaft
dem Vater	25,1	23,2	18,4
der Mutter	24,4	23,6	20,4
dem Selbstideal	50,6	53,2	61,1

Etwa ein Viertel der angegebenen Eigenschaften entsprach denen der Mutter, ebenfalls ein Viertel denen des Vaters und mehr als die Hälfte dem Selbstideal: Der oder die Begehrte wird vor allem begehrt, weil er oder sie die begehrten Eigenschaften hat, die ich mir wünsche. Damit ist die These Sigmund Freuds zur Verliebtheit empirisch belegt, wenn sie auch nicht für alle Verliebtheit zutrifft.

Was kennzeichnet die Verliebtheit?

Welche drei Eigenschaften zeichneten Ihre Verliebtheit aus?, lautete eine Frage. So können wir in das Innenleben der wohl berühmtesten Beziehungsform, die manche einer vorübergehenden seelischen Krankheit gleichsetzen, einen kritischen Blick werfen. Natürlich wird Bekanntes belegt. Es geht hier nur um die erstgenannte Eigenschaft.

> ### Die zwölf bedeutendsten Eigenschaften
> ### der Verliebtheitsbeziehung
> (Es wurde nur die erstgenannte Eigenschaft
> – in Prozent der Angaben – zur besseren Unterscheidung herangezogen –
> 610 Personen)
>
> | | |
> |---|---|
> | 1. Große Leidenschaft/häufiger Sex | 12,5 |
> | 2. Viel Zeit für den Partner | 8,4 |
> | 3. Freude | 7,2 |
> | 4. Sehnsucht | 6,6 |
> | 5. Häufige Gespräche | 6,4 |
> | 6. Vertrauen | 6,4 |
> | 7. Offenheit/Spontaneität | 4,6 |
> | 8. Wechselseitiges Bemühen | 4,0 |
> | 9. Gemeinsame Interessen | 4,0 |
> | 10. Ergänzung | 3,3 |
> | 11. Einfachheit | 2,9 |
> | 12. Romantik | 2,8 |

In diesen Eigenschaften, die nun keineswegs einen klinisch-pathologischen Eindruck machen, sondern im Gegenteil höchst gesundheitsbildend anmuten, liegen Ursachen und Folgen gemischt vor – und genau diesen Unterschied sollten Paare beachten. Viel Zeit für den Partner fördert eine gelingende Partnerschaft, Leidenschaft/Erotik, Freude und Sehnsucht sind Folgen dieses guten Fundamentes. Häufige Gespräche sind essenziell für Einfühlung und Konfliktfähigkeit, Offenheit, Vertrauen und Romantik folgen daraus. Wechselseitiges Bemühen ist ein anderes Wort für Zuwendungsbereitschaft, die zusammen mit Offenheit und Anerkennung des anderen die zentrale Trias des Paarlebens ausmachen. Und schließlich zeigt sich wieder, dass die bekannten Bindungssprichworte – «Gleich und Gleich gesellt sich gern» und «Gegensätze ziehen sich an» – beide die Beziehung stabilisieren, wenn auch die Gemeinsamkeiten deutlich überwiegen. Die Tendenz zum Gleichtakt steht dahinter. Sie ist in den ersten Minuten deutlich. Helen Fisher beschreibt die Lage anschaulich: «Nach einiger Zeit beginnen sich Mann und Frau im gleichen Takt zu bewegen. Zunächst nur kurz: Hebt er sein Glas, hebt sie ihres. Dann lösen sie sich wieder. Doch mit der Zeit werden sie mehr und mehr zum gegenseitigen Spiegelbild. Schlägt er die Beine übereinander, tut sie's auch, beugt er sich nach links, folgt sie seiner Bewegung, streicht er sich übers Haar, glättet sie das ihre. So bewegen sie sich im gleichen Rhythmus, während sie einander tief in die Augen schauen.»

Wer allerdings auf Rangreihen schaut, übersieht oft das Wesentliche. Sosehr einem einleuchtet, dass Verliebte von Leidenschaft ergriffen sind, so verblüffend ist doch der Befund, dass 87,5 Prozent diese intensive Erotik nicht an erster Stelle nennen.

In einer Untersuchung von Dorothy Tennov zu den Empfindungen bei der Verliebtheit wurde der Satz: «Das Beste an der Liebe ist Sex» von 95 Prozent der Frauen und von 91 Prozent der Männer verneint.

Fast könnte man meinen, Sexualität sei für die Verliebten randständig – und tatsächlich hat sich in den letzten Jahren das Interesse der Menschen von der Sexualität zurückgezogen und der Liebe zugewandt. Überhaupt ist der erste Schluss, den man aus dieser Zusammenstellung ziehen kann: Die Verliebtheit ist erfüllt von einer großen Vielfalt unterschiedlicher Eigenschaften.

Das Leiden der Leidenschaft

«Niemals sind wir ungeschützter
gegen das Leiden, als wenn wir lieben.»
SIGMUND FREUD

Eine bedeutende Eigenschaft im Rahmen des Verliebtseins taucht hier nicht auf, obwohl sie im Erfahrungsaustausch der auf die Verliebtheit zentrierter Zwiegespräche und in Paargruppen offenkundig und vorrangig ist: die ängstliche Scheu. Dies deswegen nicht, weil nach den drei besten Eigenschaften der Verliebtheitsbeziehungen gefragt wurde. Immerhin darf diese allgegenwärtige Wirkung der Liebe nicht übersehen werden: Liebe macht zuerst und vor allem Angst und damit Leiden. In einer unbezwingbaren Neigung idealisieren wir die Liebe, wo es nur geht. Irenäus Eibl-Eibesfeldt betont die angeborene Scheu des Menschen, die durch Schritte der Annäherung überwunden werden muss. Und bei Helen Fisher heißt es treffend:

«Dominierend aber war das Gefühl der Hilflosigkeit, der Eindruck, einer irrationalen, ungewollten, ungeplanten und unkontrollierbaren Leidenschaft ausgeliefert zu sein.»

Wollen Sie noch wissen, wie lange die Verliebten verliebt waren? Ein Drittel (36 Prozent) ein halbes Jahr, ein Viertel (25,6 Prozent) bis zu einem Jahr, ein Fünftel (20,5 Prozent) bis zu zwei Jahren. 5 Prozent seitdem die Beziehung besteht. Immerhin noch knapp 10 Prozent mehr als vier Jahre. Die dauerhaftesten 5 Prozent als 6 Jahre.

Frauen und Männer erleben anderes

Männer betrachten unbekannte Frauen mit Blicken, die über mittlere und untere Körperregionen schweifen. Frauen bevorzugen bei unbekannten Männern die oberen Regionen. Darin liegt schon der Unterschied. Er wurzelt tief in unserer Stammesgeschichte. Seit Adam und Eva prüft das eine Geschlecht die Attraktivitätsmomente des anderen. Grob gesagt sucht die Frau wählerischer einen Schutz gebenden, Ressourcen spendenden und sich wirklich bindenden Mann, während der Mann, ohne es zu wissen, die Jugendlichkeit und Schönheit einer Frau als Zeichen von Gesundheit und Fruchtbarkeit im Auge hat. Aber neben den uralten Verhaltensformen spielen unter uns heutigen Menschen vor allem die lebensgeschichtlichen Einflüsse eine Rolle, die allerdings weitgehend in dieselbe Richtung laufen. Natürlich ist weibliches Verhalten nie getrennt vom männlichen entwickelt worden, stets geht es um eine ständig wechselseitige Koevolution «dieser aufregendsten Beziehungsform, die das Leben zu bieten hat».

Die wohl umfangreichste Studie wurde 1984 bis 1989 mit 10047 Personen in 37 sehr unterschiedlichen Kulturen auf allen Kontinenten durchgeführt. Manche Kriterien entziehen sich den folgenden Befunden, weil in unserer Studie nach *seelischen* Eigenschaften des Partners gefragt wurde. So entfallen die wirtschaftliche Leistungsfähigkeit des Mannes, die in allen Ländern für Frauen die erste Wahl darstellt – im Sinne einer guten Bedingung für die Sprösslinge –, und auch der Gesellschaftsstatus, der an zweiter Stelle steht und bewirkt, dass Frauen mit Vorliebe auf der gesellschaftlichen Stufenleiter nach oben heiraten. Nach der Liebe rangieren unter 18 Persönlichkeitsmerkmalen der weltweiten Studie jedoch Zuverlässigkeit und emotionale Stabilität beziehungsweise Reife als nächstbedeutende Eigenschaften – und hier gibt es Vergleichsmöglichkeiten.

Männer haben andere Perspektiven. David Buss vermerkt zunächst: «Warum Männer heiraten, ist ein Rätsel» – denn sie hätten es ja durchaus bei flüchtigen sexuellen Kontakten belassen können, um ihre Gene zu verbreiten. Dagegen waren nun die Frauen: Sie wählten diejenigen, die zum ernsthaften Engagement bereit waren – und schufen so uns, die heutigen erheblich bindungsbereiteren Männer, wiewohl das Ideal noch nicht erreicht scheint. Aber die Evolution steht ja nicht still. Auch die ersten Kriterien der Männer sind nicht primär seelisch: Jugend und Schönheit (Figur, äußere Erscheinung). Aber Treue schon. Schauen wir auf die unterschiedlichen Befunde bei Männern und Frauen in unserer Studie.

Eigenschaften, die Männer an Frauen und Frauen an Männern faszinieren

(Es wurden zur besseren Unterscheidung nur die erstgenannten Eigenschaften herangezogen – 356 Frauen, 254 Männer)

Männer schätzen an Frauen		Frauen schätzen an Männern	
1. Offenheit	(13,4)	1. Offenheit	(12,1)
Spontaneität	(3,9)	Spontaneität	(3,1)
	17,3		**15,2**
2. Lebendigkeit	(7,5)	2. Freundlichkeit	(6,5)
Aktivität	(1,2)	Warmherzigkeit	(3,4)
		Menschlichkeit	(0,6)
	8,7		**10,5**
3. Freundlichkeit	(3,9)	3. Humor	
Warmherzigkeit	(1,6)		
Menschlichkeit	(0,8)		
	6,3		**6,5**
4. Eigenständigkeit	(3,1)	4. Ausgeglichenheit	
Stärke	(2,0)	Gelassenheit	
Selbstbewusstsein	(1,2)		
	6,3		**6,4**
5. Humor		5. Selbstbewusstsein	(3,1)
		Stärke	(2,0)
		Eigenständigkeit	(0,6)
	5,1		**5,7**
6. Sensibilität	(2,0)	6. Einfühlsamkeit	(2,8)
Einfühlsamkeit	(1,6)	Sensibilität	(1,1)
Verständnis	(1,2)	Verständnis	(1,1)
	4,8		**5,0**

Männer schätzen an Frauen im Kontrast zum Fasziniertwerden der Frauen durch Männer: Lebendigkeit, Natürlichkeit und Offenheit. Das klingt für mich wie eine seelische Gegenbewegung zu einer depressiven Stimmungslage, durch die sich Frauen im Vergleich mit Männern auszeichnen. Lebendigkeit (0,6 Prozent und Natürlichkeit (0,6 Prozent) wünschen sich Frauen von Männern kaum.

Frauen lieben an Männern anderes als Männer an ihnen: Freundlichkeit, Ausgeglichenheit, Humor und Selbstbewusstsein. Das empfinde ich als seelische Gegenbewegung zur Aggressivität, die für Männer verglichen mit Frauen kennzeichnend ist.

Wie sehen Männer und Frauen
ihre Verliebtheitsbeziehung?

(Es wurden zur besseren Unterscheidung nur die erstgenannten
Eigenschaften herangezogen – 319 Frauen, 226 Männer)

Männer					Frauen
1. große Leidenschaft	12,5	=	12,4		1. große Leidenschaft
2. Sehnsucht	7,1	▲	▲ 10,0		2. viel Zeit
3. viel Zeit	6,2	▼	▲ 7,8		3. Vertrauen
4. Freude	6,2	▼	▲ 7,8		4. Freude
5. häufige Gespräche	5,8		6,9		5. häufige Gespräche
6. gegenseitiges Bemühen	5,3		▼ 6,3		6. Sehnsucht
7. Vertrauen	4,4	▼	4,7		7. gemeinsame Interessen
8. Verständnis	3,5		3,8		8. Ergänzung
9. gemeinsame Interessen	3,1		3,1		9. gegenseitiges Bemühen
10. Energie	3,1		3,1		10. Romantik
Ergänzung	2,7		1,9		Verständnis
Romantik	2,2		1,9		Energie

Die Reihenfolge ist sehr unterschiedlich, obwohl sich Männer
wie Frauen über die große Leidenschaft mit viel Sex in der Verliebtheitsbeziehung einig sind.

Will man beim Unterschied von 2 Prozent und mehr eine differente Wirklichkeit ausmachen, dann sehen Frauen die Verliebt-

heit im Kontrast zu Männern vor allem in dem Merkmal «viel Zeit» (3,8 Prozent Unterschied) und «Vertrauen» (3,4 Prozent Unterschied). Das entspräche dem höheren Elterninvestment der Frauen.

«Wechselseitiges Bemühen» sehen die Männer mehr als die Frauen in der Verliebtheitsbeziehung (2,2 Prozent Unterschied), als ob sie sich für eine Bindung mehr anstrengen müssten, was die Evolutionsperspektive auch nahe legt.

Ende der Verliebtheit – Anfang der Liebe?

Die Verliebtheit endet durch Ereignisse. Als die sechs bedeutendsten wurden genannt:

Wodurch endet die Verliebtheit?	
Alltag	19,9
Kind	12,4
Konflikte	11,1
schlechte Kommunikation	8,6
Entfernung	8,2
gemeinsames Wohnen	7,5

Es sieht nüchtern aus: Das Ende der Verliebtheit macht nicht den Eindruck, der Anfang der Liebe zu sein. Aber es geht um eine enorme Umstrukturierung, für die das Paar die Energie der Verliebtheit nötig hat – selbst wenn sich der Anfang späterhin nur auf eine schöne Erinnerung reduzieren sollte.

Dieses Enden bedarf des Nachdenkens. Denn der Alltag beispielsweise ist deshalb so abstumpfend, weil wir von den Eltern oder in der Schule nicht lernten, wie wir eine Beziehung führen können. Das Konzept der vertrauensbildenden und einfühlungsfördernden Zwiegespräche beispielsweise hilft wirklich und braucht nur anderthalb Stunden in der Woche.

Konflikte erreichen destruktive Intensität, weil wir nicht wissen, wie wir mit ihnen umgehen sollen. Doch Konfliktfähigkeit ist leicht zu lernen, wenn man einmal erfahren hat, wie es geht. Das goldene Paargleichgewicht ist die Basis: Beide beachten die eigenen Wünsche und die andersartigen des Partners als völlig gleichrangig und versuchen sie gemeinsam zu gleichen Teilen zu realisieren.

Das Kind ist der bekannte Tod der Liebe, wenn das Paar auf die dramatischen Änderungen durch den Familienzuwachs seelisch nicht vorbereitet ist. Es entsteht eine völlig neue Familienstruktur wegen der neuen Liebesbeziehung zum Kind – von den realen Strapazen ganz abgesehen. Vor allem muss das Paar in der Lage sein, sich selbst Zuwendung zu gönnen.

Schlechte Kommunikation ist des Paarelends Kern. Leider ist sie jahrelang unzulänglich, bevor sie als schlecht wahrgenommen wird. Kommunikationskluft, *communication gap*, ist der weltweite Befund moderner Zweierbeziehungen und die Zentralursache des Paarsterbens.

So gerät eine Entfernung auch zum Unheil, was mit Zwiegesprächen beispielsweise nicht geschähe.

Dass Zusammenwohnen für viele zum Problem wird, liegt an einer epidemisch verbreiteten Schwierigkeit, der fast Krankheitswert zukommt. Den Betreffenden gelingt es nämlich innerhalb einer Beziehung nicht, ebenso klar und schuldfrei zu den eigenen Bedürfnissen zu stehen wie zu denen des Partners. Der menschliche Grundkonflikt zwischen Partnerzuwendung und Selbstbeachtung wird durch gleichgewichtige Verteilung behoben. Es mangelt an Selbstzuwendung auf Grund unbewusster Schuldgefühle, sich selbst Gutes zukommen zu lassen. «Man gönnt sich ja sonst nichts» ist deswegen zum geflügelten Wort geworden.

Noch einige Hinweise zu denen, die den Fragebogen ausfüllten: Sie sind immerhin an der Entwicklung ihrer Beziehung – in welchem Maße auch immer – interessiert und unterscheiden sich allein deswegen vom Gros der Bevölkerung, das sich diesbezüglich in einer Art Narkose befindet.

Der jüngste Teilnehmer war 20 Jahre alt, bis 30 kamen nur 5 Prozent zusammen. Leider zu wenige sehen in jüngeren Jahren die Bedeutung und Gefährdung des sensibel reagierenden Paarlebens. Der älteste Teilnehmer, 72 Jahre alt, hatte die goldene Hochzeit gefeiert, war also 50 Jahre verheiratet und wollte noch mehr lernen. Etwa 10 Prozent der Beteiligten standen mit bis zu anderthalb Jahren in den Anfängen der Paarbeziehung und wollten sich rechtzeitig vom ungelernten zum gelernten Paar entwickeln. Je etwa weitere 20 Prozent waren fünf Jahre, zehn Jahre und zwanzig Jahre ein Paar, mehr als zwanzig Jahre fast ein Drittel. Auch darin ist die Bandbreite der Teilnehmer und Teilnehmerinnen groß. Auch die Berufe umfassen so gut wie alle – mit Schwerpunkten bei Erziehern und medizinisch Tätigen.

40 Prozent hatten bereits Zwiegesprächserfahrung (3 bis über 400 Dyaloge), waren also vertraut mit einem praktisch bedeutsamen und realisierbaren Entwicklungsweg der Bindung.

Verliebt hatten sich etwa zwei Drittel der Partner (57,7 Prozent) bis zum Alter von 30 und immer noch 10 Prozent jenseits des 45. Lebensjahres. Solo waren 70 Prozent zum Zeitpunkt des Verliebens. Will sagen: Ein Drittel war in einer Bindung – und das unterstreicht pikanterweise die gesamtgesellschaftliche Bedeutung aushäusiger Verliebtheiten für den Bestand der Nation. Es wird ja bei aller Aufregung über die so genannte Untreue, die ja unbewusst oft genug die endlich gewagte Treue zu sich selbst bedeutet, gern vergessen, dass aus diesem vermeintlichen Ausrutscher eine große Anzahl Ehen entsteht – ein Drittel etwa, wie wir jetzt sehen.

Die persönliche Lage spielt zum Zeitpunkt der Verliebtheit eine zentrale Rolle. Deren maßgebliche unbewusste Seite kann natürlich nicht erfasst werden. Waren die Verliebten im Freundeskreis aufgehoben? War ihre berufliche Situation stabilisierend oder labilisierend? Denn Verliebtheit ist das vielleicht stärkste Antidepressivum, sie führt aus Isolation und Selbstentwertung heraus und wird unbewusst allein deswegen gern angestrebt. Die Hälfte fühlte sich im Freundeskreis geborgen, etwa ein Viertel nicht. Zwei Drittel waren beruflich stabilisiert, etwa ein Fünftel labilisiert.

Geländebedingungen der Beziehungen

Für die Paarbeziehung spielen nicht nur die intra- und interpsychischen Herkunftsbindungen und das gegenwärtige Beziehungsgeflecht eine einflussreiche Rolle, sondern etwas, das man als Grundbedingungen der Beziehungen bezeichnen kann.

Dazu gehören vor allem drei:
1. «Habe ich für Beziehungen allgemein wenig Zeit? Oder viel Zeit?»
2. «Lebe ich eher nach der Einstellung des Opening-up oder des Closing-off?» (Wobei hervorzuheben ist, dass die günstigste Voraussetzung für gute Beziehungen auch nach der Erforschung der Erwachsenenbindungen auf dem Hintergrund der Bindungstheorie, in der«openness» liegt, also nicht nur im Opening-up der eigenen Seele, sondern auch in der Offenheit im Sinne eines guten Empfangs für das, was auf einen zukommt)
3. «Bin ich hoch belastet (somit aus äußeren oder inneren Gründen eingeengt)? Oder unbelastet?»

Die Liste dieser Bedingungen ließe sich noch verfeinern. In «Gelegenheit macht Liebe» habe ich sie als BIG NINE beschrieben. Bedeutend ist nur, dass das gesamte Beziehungsfeld von diesen Geländebedingungen abhängig ist.

53

Shorty: Die ersten Minuten

Sie können als Paar unabhängig voneinander diesen Fragebogen ausfüllen und Überraschungen erleben, wenn Sie Ihre Antworten mit denen Ihres Partners oder Ihrer Partnerin vergleichen. Fotokopiert verwenden ihn einige sogar als spannendes und lehrreiches Gesellschaftsspiel.

Die ersten Minuten

Geschlecht: m ◯ w ◯   **Datum:** ....

Paarzeichen: ....   **Ort:** ....
(Anfangsbuchstaben von Vor-
und Nachnamen der Frau und des
Mannes, also 4 Großbuchstaben)   **Alter:** ....

Beruf: ....

Seit wann sind Sie ein Paar? (Monate) ....

Seit wann verheiratet? (Monate) ....

Zwiegesprächserfahrung seit wann? (Monate)

....

Wie viele Zwiegespräche? (ungefähre Anzahl) .... **keine:** ◯

mit wie vielen Zwiegesprächspartnern?

....

1. Zu Ihrem damaligen Alter:

Wie alt waren Sie,
als es zwischen Ihnen funkte?   .... Jahre

und wie alt war Ihr/e Partner/in?   .... Jahre

---

2. Zu den damals vergangenen Beziehungen:

2a Wie viele Beziehungen von mehr als
drei Monaten Dauer hatten Sie bis dahin (Anzahl) ....

2b Wie viele Beziehungen von folgender Dauer
hatten Sie bis dahin?

kürzer als 2 Jahre (Anzahl) .... kürzer als 4 Jahre (Anzahl) ....

kürzer als 10 Jahre (Anzahl) .... kürzer als 20 Jahre (Anzahl) ....

länger als 20 Jahre (Anzahl) ....

3. Zu Ihrer damaligen Beziehungslage
vor der heutigen Beziehung:
(bitte Entsprechendes ankreuzen)

Waren Sie damals solo   ○   oder in einer

festen Beziehung   ○

brüchig gewordenen Beziehung   ○

losen Beziehung   ○

oder in mehreren Beziehungen   ○

4. Zu Ihren damaligen Freundschaften:

Mit wie vielen Personen verband Sie damals eine
tiefer gehende (nicht erotische) Freundschaft? (Gesamtzahl) ....;

davon waren .... Frauen .... Männer

Ich fühlte mich   sehr stark   3 2 1 0 1 2 3   sehr wenig
in einem Freundes-
kreis aufgehoben.

5. Zu Ihrer damaligen Ausbildungs-
oder Berufssituation:

Meine berufliche
bzw. Ausbildungslage
empfand ich damals als   stabil 3 2 1 0 1 2 3 instabil

6. Bei welcher Gelegenheit sprang der Funke über?

(bitte Entsprechendes ankreuzen)

bei Freunden	○	auf einer Fete (Party, Tanz etc.)	○
am Arbeitsplatz	○	bei einem Kursus (Workshop etc.)	○
im Café/Restaurant	○	sonst:	○
		(bitte angeben)	

7. Zur Entstehung der Verliebtheit:

7a. Welche drei Eigenschaften faszinierten Sie am anderen so, dass Sie sich verliebten?

1 ....
....
....

2 ....
....
....

3 ....
....
....

7b. Falls eine (oder mehrere) der angegebenen Eigenschaften körperlich war, geben Sie bitte an, welche seelische Bedeutung diese Eigenschaft für Sie hatte?

(Beispiel: Was sprechen ihre Augen?)

1 ....
....
....

2 ....
....
....

3 ....
....
....

7c. Waren diese Eigenschaften eher der Mutter (M), eher dem Vater (V) ähnlich, oder entsprachen sie einer Eigenschaft, die Sie sich für sich selbst wünschen (S)?
(Bitte geben Sie M, V oder S an – Reihenfolge wie oben)

1 ....
....
....

2 ....
....
....

3 ....
....
....

8. Zu Ihrer Verliebtheitsbeziehung:

Wie viele Monate dauerte
Ihre intensivere Verliebtheitsphase etwa?   ...... Monate

Gibt es etwas, was Ihrer Meinung nach das Ende der Verliebtheit bewirkte? (bitte angeben)

....
....
....

9. Durch welche Eigenschaften zeichnete sich Ihrer Meinung nach Ihre Verliebtheitsbeziehung aus?

1 ....
....
....

2 ....
....
....

3 ....
....
....

Warum diese Fragen?

Verliebtheit geschieht nicht nur aus Zufall, so gewaltig er auch den Boden schafft, auf dem die erste Begegnung zu Stande kommt. Vielmehr geht es um ein Verliebtheitsfeld oder Liebesfeld, das sehr komplex aus der äußeren situativen Lage, den inneren lebensgeschichtlichen Verhältnissen und den aktuellen Beziehungsmomenten der Lebensgruppen entsteht. Gewinnt man nur ein wenig Einsicht in das Geschehen des entscheidenden Treffens, des magischen Moments, dann könnte einem schwindlig werden, wie vielen unzuverlässigen, flüchtigen Ereignissen sich jene Beziehung verdankt, die unser ganzes Leben am stärksten bestimmt, ja, aus der wir Menschen selbst leibhaftig entstehen.

Ich erwähne aus zehntausend Fragenbereichen, die Sie am besten im Gespräch selbst entwickeln und zu beantworten versuchen, nur das Alter. Es stellt für Verliebtheit keine Grenze dar – Kinder verlieben sich wie auch Achtzigjährige. Natürlich ist es aber ein mächtiger Unterschied, in welchem Alter wir uns verlieben. Ein siebzehnjähriger Mensch hat eine noch viel unsicherere, schmalere Erfahrungsbasis als ein sechzigjähriger. Jedes halbe Jahrzehnt des Lebens verwandelt die Art der Verliebtheit. Es kommen die Kombinationen hinzu, Gleichaltrigkeit oder Altersgefälle. In feudalen Gesellschaften war das Altersgefälle oft groß, weil der Mann zunächst eine feste Position und damit seine Versorgerfähigkeit erreichen musste. Die altindische Tantrakultur empfahl für die Paarbildung große Unterschiede – darunter auch das Altersgefälle –, um die erotische Intensität zu erhöhen – vermutlich indem durch die Differenz die Verschmelzungsangst gelindert wurde. Nach dem Schwinden einer festgelegten Sexualmoral steigt die Toleranz auch für die ebenso selbstverständlichen Zweierbeziehungen einer älteren Frau und eines jüngeren Mannes. Diese Duldung sollte sich zur wirklichen Anerkennung entwickeln.

«Das Huhn ist es, das den Hahn krähen lässt» Erkundungen des Flirts

Flirt ist der Champagner unter den Beziehungsformen und von belebender Klarheit. Dreierlei über ihn zu wissen ist spannend und genügt zugleich:
- Flirt ist eine Universalie, eine unter allen Menschen aller Gesellschaftsstrukturen einheitliche Verhaltensweise.
- Flirt enthält alle Komponenten menschlicher Liebe.
- Flirt geht von der Frau aus und aktiviert den Mann.
  Natürlich ist auch der Flirt ein Prozess und kein Zustand. D. B. Givens unterscheidet: Aufmerksamwerden; Wahrnehmung; Wechselwirkung; Gespräch; sexuelle Erregung; Auflösung. Ich will es hier bei der Nennung dieser Phasen belassen. Es gibt auch hier weitere konzeptuelle Versionen.
  Wesentlicher ist vielleicht im Sinn zu behalten, dass unser bezaubernder Flirt ein Gewebe aus vier mächtigen Momenten

ist: Uralte stammesgeschichtliche Fundamente (Biologie unseres Verhaltens) verflechten sich mit mächtigen gesellschaftlichen Einflüssen (Normen, Ritualisierungen), lebensgeschichtlichen Erfahrungen (unbewusste Attraktivität der Elternfiguren, Idealisierungen, Traumata) und dem unmittelbaren Zusammenspiel zweier Menschen (wechselseitige Aktualisierung der Selbstvalenzen, gemeinsames Unbewusstes, Kommunikationstheorie). Vielleicht ist der Ansatz der Genkultur-Koevolution am viel versprechendsten, begrenzt durch die Tatsache, dass kein Forscher oder Team alle notwendigen Disziplinen wird meistern, geschweige denn integrieren können. Große wechselseitige Geduld, ja transdisziplinäre Güte wäre ebenso nötig wie selten.

Flirt ist eine Universalie

Wenn ein Verhalten bei allen Menschen gleichermaßen vorkommt, geht man davon aus, es sei genetisch, also stammesgeschichtlich bedingt. Dann muss es allerdings auch von höchster Bedeutung sein. Wer will das bestreiten? Bis auf einige feudale Ausnahmen beginnt die Bindung eines Paares mit einem Flirt. Und das bedeutet: Wir sind mehrheitlich Flirtgeborene.

Verblüffend ist nun die Struktur dieser beziehungsreichen Geste, die genau besehen der Zeugung unserer Zeugung gleicht. Sie besteht nämlich aus einer kurzen Hinwendung des Blicks mit schneller Abwendung. Neugier, Interesse und Scheu oder Angst sind in diesem Ensemble enthalten. Auch die Aggression wirkt als ein von der Erotik nicht trennbares Element im Flirtverhalten mit. Wer kühn philosophiert, erkennt in diesem Rhythmus den zärtlichen Vorstoß und den folgenden Rückzug im Zeugungsakt wieder. Zuwendung und Abwendung, Vor und Zurück, Annäherung und Entfernung in einer Gestik entspricht einer polaren Struktur.

In diesem wahrhaftigen Ur-Sprung unserer Existenz ist zumindest die allem menschlichen Verhalten zugrunde liegende

Ambivalenz, in freudscher Definition «das Zusammentreffen von Liebe und Hass gegen dasselbe Objekt», zu erkennen.

Flirt enthält bereits
alle Komponenten der Liebe

Und nicht nur das. Die vier großen universalen Komponenten der Liebe – Schutzsuche – Unterwerfung, Dominanz – Aggression, individualisierte Brutpflege und Sexualitätsbindung – sind schon von Anbeginn im Flirt vereint. Dazu zitiere ich einige treffende Bemerkungen von Verliebten zu den ersten drei Minuten:

Dimension Angst – Schutzsuche – Unterwerfung

ER: «Ich fühlte mich bei ihr absolut sicher.»

MLM: «Was ist das mit dem scheuen Lächeln?»
MANFRED: «Das Zurückhaltende, das faszinierte mich. Sie war sehr jung, sie war 15, so vorsichtig.»

SUSANN: «Trotzdem erschien er mir sehr unsicher. Er hat sich gar nicht zu mir getraut, er war scheu.»

PHILIPP: «Obwohl sie eine ganz schmale Person war, geradezu zerbrechlich schien ...»

Manchmal führen die Reflexionen über die ersten drei Minuten zu überraschenden Einsichten:

SIE: «Ich wusste, dass er in der Kindheit Schwierigkeiten insbesondere mit seiner Mutter hatte: seine Verletzlichkeit – ja, das kommt für mich außerordentlich überraschend.»

Dimension Dominanz-Aggression:

«Das persönliche Band der Liebe entstand
zweifellos in vielen Fällen aus der intraspezifischen Aggression,
in mehreren bekannten auf dem Wege der Ritualisierung
eines neu orientierten Angriffs oder Drohens.»
KONRAD LORENZ

Er: «Es gab dann einen Fasching von der Schule mit Tanz. Sie war ‹die Neue›, ich tanzte mit ihr, und mein Freund fragte mich: ‹Wie ist sie denn?› Ich antwortete: ‹Zu dick, hat Schwielen an den Händen, und tanzen kann sie nicht.› Das war die allererste Berührung.»
Er: «Sie hat mich verheiratet.»

Drittbedeutendste Faszination: Selbstbewusstsein, Eigenständigkeit, Stärke

SUSANN: «Was mich beeindruckte, war eine Arroganz, die mich heute abstößt.
Ich glaube, mich faszinierte mehr sein äußeres Verhalten: Seine ‹Die Welt gehört mir›-Haltung.»

Dimension Brutpflege – Fürsorge – Mütterlichkeit

Er liebte an ihr: «Dass sie alles in die Hand genommen hat» (nämlich ihre Begegnung und Beziehung).
Sie faszinierte an ihm: «Das Jungenhafte».
Beziehungsqualitäten: «Eine starke Frau, die einem Mann das Leben ordnet. Sie konnte ihn zu sich selbst bringen. Das befriedigte auf beiden Seiten.»
ANNEGRET: «Die gegenseitige Unterstützung, das Verständnis, das Getragenwerden in schwierigen Lebenssituationen.»

Dimension Sexualitätsbindung

Bedeutendste Eigenschaft der Verliebtheitsbeziehung: Große Leidenschaft / häufiger Sex.

Sie: «Probleme, die wir hatten, kompensierten wir durch das Bett. Ich wollte eher mehr Sexualität als er.»

Sie: «Ich erlebe die sexuelle Abweisung durch ihn auch als eine persönliche Zurückweisung.»

Feinere, komplexere Dimensionen

Diese eher archaischen Dimensionen verfeinern sich in der Verliebtheit, beispielsweise:

ANNEGRET: «Ich fand ihn zweitens auch sehr geradlinig, und ich fand ihn sehr begeisterungsfähig.»

ANNEGRET:«Wir hatten sehr intensive und sehr tief gehende Gespräche. Ich fand ihn sehr reflektiert, er hatte Tiefgang und konnte von sich reden, von den Dingen und der Welt. Das war sehr anspruchsvoll und für mich sehr befriedigend.»

PHILIPP: «Sie war beeindruckend. Das erste Moment: Sie hatte Geist, war für meine Verhältnisse unheimlich intellektuell, hat viel gelesen, war politisch interessiert, hat Gedichte gelesen.»

Er: «Sie hatte alles, was ich nicht hatte.»

Sie: «Sein Charme, sein Witz, seine Lebensfreude.»

Überlagerungen

Vor allem kommt es zu bemerkenswerten Überlagerungen, beispielsweise:

«Obwohl sie eine ganz schmale Person war, geradezu zerbrechlich schien, hatte sie gleichzeitig unheimliche Power. Das war der Widerspruch, der sich durch die ganze Zeit unseres Kennenlernens zog.»

«Seine ‹Die Welt gehört mir›-Haltung. Das hat mir imponiert. Trotzdem erschien er mir sehr unsicher. Er hat sich gar nicht zu mir getraut, er war scheu, gleichzeitig aber einer, der sehr mutig auf die Welt zugeht.»

«Das Gefühl, in seiner Person eine Nuss knacken zu können, in sein Inneres zu sehen, was sonst niemandem gelungen wäre. Seine Empfindsamkeit zu spüren.» Er sei scheinoffen bei großer Verschlossenheit gewesen.

Flirt geht von der Frau aus

Warum das? Der evolutionäre Gewinn, der gleichermaßen den gesellschaftlichen Bedingungen entspricht, ist wohl darin zu sehen, dass nach wie vor die Frauen eine höhere Elterninvestition erbringen. Sie fühlen sich stärker verantwortlich für die künftigen (oder schon lebenden) Kinder. Sie suchen, sie ermitteln den geeigneten vaterfähigen Mann. Sie stellen mehr Ansprüche an diese Beziehung und entwickeln auch mehr Antennen für die Qualität der Bindung.

Hier tauchen große Zusammenhänge auf: Zum einen ist es in der Regel ja auch die Mutter, die dem neugeborenen Kind den ersten Blick zuwendet. Die Töchter identifizieren sich mit ihr wohl stärker als die Söhne, die im Flirt den mobilisierenden Urblick wiedererleben. Die Flirtforscherin Christiane Tramitz schreibt zum Blickverhalten Ähnliches: «Frauen … sehen ihren Gesprächspartner … wesentlich häufiger an. Dieser Geschlechtsunterschied ist … bereits bei Neugeborenen zu beobachten. … eine Erklärung wäre in der frühen Mutter-Kind-Bindung zu suchen, in der der Blickkontakt von zentraler Bedeutung ist.»

Zum anderen ist es die Frau und Mutter, die nach den Erkenntnissen der Bindungstheorie nicht nur den Blick, sondern mit ihm auch eine der vier grundlegenden Bindungsformen übermittelt – schon im ersten Lebenshalbjahr übrigens.

Das Ergebnis des Flirts erstaunt deswegen besonders: Nicht die Frau erscheint als Aktive, sondern der Mann setzt sich in Bewegung. Sie gibt den Impuls, der Mann handelt. Auch hier wie für die gesamte Paardynamik gelten die beiden Grundbedingungen: «Unbewusstes erkennt Unbewusstes irrtumslos» und «Neun Zehntel des Geschehens vollziehen sich unbewusst». «Der Mann läuft der Frau hinterher, bis sie ihn erwischt», lautet ein amerikanisches Sprichwort.

Was macht
warum attraktiv?

Wer für wen attraktiv ist, entscheidet vor allem die eigene Lebensgeschichte. Wir tragen alle eine präzise Liebeslandkarte, eine *love map*, in uns, die sich bemerkenswerterweise weit vor unserer Geschlechtsreife zwischen dem vierten und achten Lebensjahr ausgestaltet hat, unser erotisches Navigationssystem sozusagen.

Deswegen trifft die unbewusste Wahl Partner mit elterlichen Qualitäten: 80 Prozent der Amerikaner wählen nach dem Bild des gegengeschlechtlichen Elternteils, die restlichen 20 Prozent entscheiden sich für das genaue Gegenteil und bleiben auch so vom Elternbild abhängig.

In den ersten Gesprächen erkunden Paare, die zu mir kommen, genau diese Momente, indem sie auf die Frage antworten, was am anderen so faszinierend war, dass sie sich verliebten. Es handelt sich – was wesentlich ist – stets um *seelische* Eigenschaften, obwohl besonders Männer vor Körperemblemen wie Augen, Busen, Po, Figur und Gang Halt machen. Die aufdeckende

Frage lautet dann: Was sagt dem Betrachter die Figur, der Busen und so weiter?

Nun zeigt sich bemerkenswerterweise: Was wir für so persönlich, intim und eigenständig halten, unsere ureigenen Neigungen also, ist eingebettet in einen großen Zusammenhang. Denn die uns faszinierenden seelischen Eigenschaften eröffnen eine zielführende Perspektive: Sie dienen dazu, die bestgefügte Beziehung herzustellen. Das mag beim Geruch beginnen, aber dort nicht enden. Unter den unbewusst Wohlriechenden wähle ich zudem noch den Passenden.

Nach meinen Erfahrungen der dreißig Jahre, in denen ich nun Paargruppen und Paartherapie durchführe, und auf dem Hintergrund der allgemeinen Forschungsbefunde lassen sich zwei Arten von Attraktivitäten unterscheiden, die von höchster praktischer Bedeutsamkeit sind:

- zum einen seelische Eigenschaften, die ich mir selbst wünsche: selbstbeziehungsorientierte Qualitäten;
- zum anderen seelische Eigenschaften, die zu einer guten Beziehung gehören: paarbeziehungsorientierte Qualitäten.

Beide Gruppen ergänzen sich selbstverständlich. Sie entsprechen der Vierdimensionalität jeder Beziehung. Eine Paarbeziehung ist immer abhängig von den beiden Selbstbeziehungen der Partner, was vielen nicht bewusst ist. So enthält sie also drei Dimensionen. Die ununterbrochene Entwicklung und Verwandlung stellt die vierte, die Zeitdimension, dar.

Die Fülle von Untersuchungen zur Partnerwahl ergeben beispielsweise: Die Selbstdarstellung ist das verständlicherweise unumgängliche Grundprinzip schon beim Flirt. Und das Selbstbewusstsein des anderen entfaltet wahrscheinlich die bedeutendste erotische Anziehung – vor allem zu Männern. Warum? Weil es uns weithin fehlt. Dies wiederum ergibt sich aus alten biologischen Fundamenten (Dominanz, Schutz, Stärke) und aus dem Zeitalter des Narzissmus, in dem wir uns wichtig nehmen müssen, weil wir uns nicht mehr wesentlich sein können. Die Leistungsanerkennung ist so umfassend zum funktionalen Surrogat der wirklichen, ersehnten Liebe geworden, dass wir schon gar nicht mehr merken, wie pervers wir auf die Erfolgsmeldungen fixiert sind. Selbstbewusstsein ist eine Qualität des in sich ruhenden Menschen, der sich geliebt gefühlt hat. Das wäre ein Beispiel für die selbstorientierte, sich ergänzende Partnerqualität.

Weltweit an der Spitze der paarorientierten Eigenschaften liegen Freundlichkeit (in tausend Variationen wie Vertrauen, Sanftheit, Geborgenheit bietend) und Klugheit. Beide Eigenschaften lassen tief in die Paardynamik blicken. Denn sie enthüllen eine unbemerkte Kenntnis dessen, was da auf einen zukommt: Die wahre Harmonie des Paares beruht nämlich auf Konfliktfähigkeit – im Kontrast zur vorherrschenden Harmonieauffassung einer Konfliktlosigkeit, die man wegen ihrer Praxisferne als geradezu bedrohlich einschätzen sollte. Zur Konfliktfähigkeit als Kernqualität der Entwicklungsfähigkeit gehören zwei Eigenschaften, die einem enorm helfen, mit Konflikten konstruktiv umzugehen: Freundlichkeit und Klugheit. Ich fühle mich also angezogen von dem, was eine gute Beziehung entwickeln hilft.

Die Attraktivität erscheint in zwei bekannten Sprichwörtern: «Gegensätze ziehen sich an» – das wäre die so genannte komplementäre Bindung als Moment des Selbstbewusstseins – und «Gleich und Gleich gesellt sich gern», wie es sich für Freundlichkeit und Klugheit anbietet – die so genannte symmetrische Bindung.

Damit wird die Wahl noch komplexer: Es gibt zwei Wahltypen mehr.

• Ich wähle, was ich selber bin (nicht, was ich nicht bin, wie oben) – symmetrische selbstorientierte Entscheidung – und

• ich wähle, was ich für die Beziehung nicht bieten kann, aber mir für mich auch nicht wünsche.

Die genannten Sprichwörter erscheinen den meisten Menschen wie ein Entweder-Oder. Im Paarleben kann man jedoch – zum Beispiel durch einen Persönlichkeitstest wie den psychoanalytisch orientierten Gießen-Test mit fünf Persönlichkeitsdimensionen – gut erkennen, dass die meisten Partner auf einigen Dimensionen ähnlich (symmetrisch), auf anderen gegensätzlich (komplementär) sind. Symmetrie und Komplementarität ergänzen sich also, sind ein Und-Und.

Im Übrigen schätzen wir alle Menschen, die uns begegnen – nicht nur diejenigen, die uns fesseln –, schnell und unbewusst nach fünf Dimensionen ein. Die attraktiven Eigenschaften sind also immer in einen großen Zusammenhang eingebettet.

Selbstverstärkung der Attraktion

Attraktivität – wie immer sie bedingt sein mag – hat eine beeindruckende Eigenschaft: Sie verstärkt und stabilisiert sich selbst. Wenn Attraktivität einen evolutionären Gewinn mit sich bringt, dann ist eine solche positive Selbstrückkoppelung zweifellos von weiterem Vorteil. Und so sieht die Forschungslage aus: «In den Augen anderer sind Attraktive angeblich wärmer, sensibler, freundlicher, entgegenkommender, interessanter, stärker, ausgeglichener, bescheidener, geselliger, fähiger, haben einen besseren Charakter, verfügen über mehr Prestige, bekommen voraussichtlich bessere Arbeitsstellen, führen eine bessere Ehe und haben überhaupt ein erfüllteres Leben. Attraktive Personen gelten auch als vielschichtiger, aufnahmefähiger, umsichtiger, zuversichtlicher, selbstsicherer, glücklicher, aktiver, kooperativer, freimütiger, humorvoller, selbstbeherrschter und flexibler.»

Das kann ja nur der Mensch sein, den wir am attraktivsten finden, in den wir uns also verliebt haben. Welchen seelischen Reichtum bringt er oder sie so mit sich. Wuchern wir mit diesem Pfunde!

Der «Große Attraktor»

Mögen nun zuunterst physiologische Momente wie attraktiver Geruch, der die Genvielfalt und Immunabwehr fördert, oder eine gerade noch vertraute, exotisch-anziehende Fremdheit wirken, die der Exogamie und Genmischung dient und dem Inzestverbot folgt, und darüber die allgemein menschlichen Beziehungsqualitäten die breite Basis einer Pyramide der Wahlverwandtschaft darstellen, so gibt es für die stärkste Faszination, die zwei Menschen aufeinander ausüben, eine bedeutende hochspezifische, lebensgeschichtliche Kombination: Aus einem Kreis von Menschen wähle ich mit geistergleicher Genauigkeit jenen, den zwei Eigenschaften auszeichnen.

- Erstens kann ich mit ihm meine traumatischen Beziehungserlebnisse reinszenieren – das geschieht nahezu makellos im unbewussten Zusammenspiel.
- Zweitens spüre ich die realistische Aussicht, gerade diese Beschädigungen mit ihm gemeinsam nach und nach aufzuheben.

Verletzungswiederholung paart sich mit Heilung. Gewiss, unser Gejammer ist groß, wenn es nach der Verliebtheitsphase durch diese Reinszenierung so anders wird. Doch ohne die alten schwankenden Gestalten auf die gegenwärtige Bühne des Paarlebens zu bringen, gäbe es keine Chance, mit ihnen zurande zu kommen.

Welcher Wert
ist am meisten wert?

Entstehungszusammenhänge sind nicht Erhaltungszusammenhänge. Bedeutender als Partnerwahlkriterien sind für das Gelingen einer Beziehung jene Eigenschaften, welche die Chance zur

Entwicklungsfähigkeit erhöhen. Sie erst garantiert eine erfüllte Bindung. Danach fragen die meisten Paare. Sie wünschen sich eine verlässliche Orientierung.

Wovon lebt eine Beziehung? Die Antwort ist schwer zu finden, weil sie so einfach ist: Eine Beziehung lebt davon, dass beide sich aufeinander beziehen – ob konkret anwesend oder in Abwesenheit an den anderen denkend, fühlend. Das könnte man als die tätige Liebe bezeichnen. Damit beginnt alles (1.). Denn das Paar muss dafür sorgen. Zu schnell verliert es sich heute aus den Augen, aus dem Sinn. Ein durchschnittliches deutsches Paar widmet sich den so genannten persönlichen Dingen täglich nur noch zwei Minuten lang. In einer solchen Minutenbeziehung der Zeitmangelmenschen ist das schnelle Ende absehbar. Von der Lebensgemeinschaft zur bloßen Wohngemeinschaft dauert es nur wenige Jahre – wenn es günstig ausgeht. Erich Fromm sah ähnlich die Essenz der Liebe in der Konzentration auf den anderen. Es muss jedoch das konkrete Handeln hinzukommen.

Es folgen nach meinen dreißigjährigen Erfahrungen in Paaranalyse: häufige gemeinsame Aktivitäten, beispielsweise Unternehmungen, Reisen, allgemeiner gesagt Interaktionen, wozu, darf ich bemerken, auch das Liebemachen gehört (2.), und regelmäßiger Austausch (3.), der glückliche Paare von unglücklichen unterscheidet.

Die dritte Ebene der von mir wegen des althergebrachten Aufmerksamkeitswertes so genannten «Tugendpyramide» bilden drei Eigenschaften: Offenheit (4.), jenes berühmte «Opening-up», das unsere Immunabwehr stärkt, vollständige Gleichberechtigung (5.), das ist die in der Realität der Küchen nicht vorhandene Basisdemokratie des Paares oder die egalitäre Machtverteilung, und Lernbereitschaft (6.), die mit der unüberschätzbaren Neugier als kognitiver Lebenslust nahezu gleichzusetzen ist.

Schon bis hierhin ist erstens zu spüren: Diese Eigenschaften lassen sich entwickeln, ja, sie müssen erst entwickelt werden.

Werte von höchstem Wert für das Paarleben

TUGENDPYRAMIDE

SICH AUFEINANDER BEZIEHEN 1

HÄUFIGE INTERAKTIONEN 2 • REGELMÄSSIGER AUSTAUSCH 3

OFFENHEIT 4 • GLEICHBERECHTIGUNG 5 • LERNBEREITSCHAFT 6

GEMEINSAMKEIT 7 • VERÄNDERUNGSWILLE 8 • EXPERIMENTIERFREUDE 9 • KONFLIKTBEREITSCHAFT 10

FLEXIBILITÄT 11 • VERTRAUEN 12 • SELBSTSICHERHEIT 13 • VERANTWORTUNG 14 • ANGSTFÄHIGKEIT 15

Und zweitens: Eine ergibt sich aus den anderen. Sie stehen alle in positiver Wechselwirkung, sie sind Verstärkerkreise, sich wechselseitig entwickelnde Spiralen, die alle miteinander vernetzt sind.

Die vierte Ebene: Gemeinsamkeit (7.) – statt des hochgradigen Paargiftes der einsamen Beschlüsse beispielsweise; denn was beide angeht, können nur beide entscheiden; – Veränderungswille (8.), was auch mit Initiative, dem Hauptmerkmal der Lebenskünstler, benannt werden könnte; Experimentierfreude (9.), die im Spiel der Kinder noch so offen sichtbar ist, aber auch den erwachsenen Homo ludens auszeichnet, eine Art Innovationsdrang; und Konfliktbereitschaft (10.), die wie gesagt zur wahren Harmonie des Paares führt, wenn die einfachen Grundlagen des Konflikterstellens und des Konfliktlösens einmal gelernt sind.

Die Basis bilden Flexibilität (11.), ein Kernmerkmal seelischer Gesundheit, das im Kontrast zu Rigidität zu sehen ist; Vertrauen (12.), das bei Paaren natürlich auch nicht einfach da ist, sondern ein vertrauenbildendes Ritual wie die Zwiegespräche erfordert; Selbstsicherheit (13.), die ebenfalls zu den Wirkungen wesentlicher Gespräche zählt, weil jeder sich in ihnen selbst begegnet und nach und nach Selbstbewusstsein und Selbstvertrauen gewinnt; Verantwortung (14.), die Martin Buber wörtlich deutete als die Bereitschaft, Antwort zu geben – dem anderen, aber auch sich selbst; und nicht zuletzt Angstfähigkeit (15.), die Offenheit für die schwachen Seiten des eigenen Selbst enthält, vor allem aber eine bedeutende Wirkung mit sich bringt: Wer die Angst verschweigt, fördert die Trennung, wer sie aussprechen kann, stärkt die Bindung.

Wie gesagt: Jede Qualität steht mit einer anderen in fördernder Wechselwirkung. Diese Selbstverstärkerkreise bilden jedoch als Ganzes wiederum einen Verstärkerkreis aus Verstärkerkreisen. Das wäre ein sich selbst entwickelnder Hyperzyklus – wenn er denn überhaupt startet und nicht in allen Momenten in seine Gegenteile zum Teufelshyperzyklus umkippt.

Der wahrscheinlich größte Kampf im Seelenleben entbrennt zwischen zwei nicht leicht zu vereinbarenden Wirklichkeiten: zwischen Arbeitsnotwendigkeit und Lebendigkeit. Das heißt: Die wertvollen Beziehungseigenschaften entsprechen nicht den notwendigen und wertvollen Berufseigenschaften. Beispielsweise ist Offenheit für das Paar essenziell, im Beruf, wo Gefühle angeblich nichts zu suchen haben, kontraproduktiv. Frauen werden im Zuge der Emanzipationsbewegung zunehmend berufstätig. Diese Form von Autonomie verbindet sich mit Unterdrückung der Gefühle. Pro Jahrzehnt nimmt die Verdrängung oder Zurückstellung der eigenen Empfindungen um 13 Prozent zu. Was Frauen früher ihrem liebsten Menschen erzählten, ihr Geheimnis, behalten sie heute für sich. Sie werden den Männern ähnlich. Und das zeigt: Es geht nicht um Weiblichkeit und Männlichkeit, es geht um Wirtschaftlichkeit. Eigenschaften, die auch der Arbeit zugute kommen, werden sich also entfalten, die anderen drohen schnell zu verkümmern. Die Beziehungsqualität hat nur eine Lobby: die Paare selbst. Sie können gegensteuern. Alle Qualitäten werden durch Zwiegespräche gefördert.

Ursprung aller Ursprünge
Was geschieht
in der Urkombination?

Dem schöpferischen Zufall der ersten Begegnung eines künftigen Paares verdanken wir alle unser Leben. Leicht, mühelos, geradezu witzig ist dieser zufallsbedingte Ursprung aller Ursprünge zu nennen. Er führt wie gesagt auf der Basis der biologischen Vorprägungen zur Kombination zweier Lebensgeschichten mit einer dramatischen wechselseitigen Belebung und

73

den spannungsreichen Polen von Reinszenierung der inneren Beschädigung und Heilungsarbeit.

Was geschieht in dieser Urkombination? Nur wenige Folgen genügen, um sich das Ausmaß dieses Urknalls vor Augen zu führen:

1. Die enorme wechselseitige Belebung durch einen rein seelischen Akt ist das genaue Gegenstück zum psychogenen Tod, beispielsweise dem *Voodoo-death*, bei dem ein Mensch ausschließlich aus seelischen Gründen rasch stirbt.

Hier aber erblickt das Leben das Licht der Welt. Über diese auffällige Vitalisierung wird meist geschwiegen, als stünde sie unter einem geheimen Verbot. Es könnte sich um das Inzestverbot handeln, doch meine ich, es ist vor allem das so genannte Geschenk des Himmels, also eine plötzliche Bevorzugung meiner Existenz, ein ungewöhnlicher Emanzipationsschub, der starke Ablösungsschuldgefühle und Glücksangst bewirkt. Sich Verlieben ist radikaler Abschied von der bisherigen Welt und Neubeginn zugleich.

Hermann Hesses viel zitiertes Gedicht «Stufen» gibt dem Gedanken Tiefe:

> Es muß das Herz bei jedem Lebensrufe
> bereit zum Abschied sein und Neubeginne,
> um sich in Tapferkeit und ohne Trauern
> in andre, neue Bindungen zu geben.
> Und jedem Anfang wohnt ein Zauber inne,
> der uns beschützt und der uns hilft, zu leben [...]
> [...]
> des Lebens Ruf an uns wird niemals enden ...
> Wohlan denn, Herz, nimm Abschied und gesunde.

2. Gleichzeitig mit dieser Entflammung kommt es aber auch zu einer mächtigen Dämpfung, worüber so gut wie gar nicht gesprochen wird. Der andere mobilisiert bestimmte innere Bereit-

schaften von mir, andere Eigenschaften werden dadurch in den Hintergrund gerückt, eben gedämpft. Sie entwickeln sich unter Umständen gar nicht mehr.

3. Weil durch den geliebten Menschen die Möglichkeiten meines Selbst in präziser Weise und ganz spezifisch für diese Beziehung aktualisiert, mobilisiert, belebt werden, kommt es zu einer mit einem anderen nicht wiederholbaren, also einzigartigen Selbstakzentuierung.

4. Ein neues Selbstmuster entsteht. Dieser Vorgang gleicht einer Selbstinnovation: Ich bin zwar der, der ich bin, aber anders mobilisiert. Eine von mir vielleicht noch nie erlebte Selbstkonstellation entsteht – in der Verliebtheit natürlich auf beiden Seiten.

5. Das ist der Start für eine hochspezifische Koevolution des Paares, eine Entwicklung zu zweit, die mit einem anderen nicht zu erleben ist. Sie begründet die Illusion der Eifersucht; denn der Rivale kann nicht bieten, was ich biete (wenn ich auch nicht bieten kann, was er bietet). Diese Koevolution begründet ebenso den Vorteil, eine Beziehung im Falle einer Trennung mit demselben Partner aufzulösen und sie nicht abzubrechen, um die Bruchstücke mit einem neuen und in dieser Hinsicht unpassenderen Partner seelisch zu verarbeiten.

Mit einem Begriff aus der Astronomie könnte man von Ko-Rotation des Paares sprechen, nicht nur, weil beide während ihrer gemeinsamen Zeit häufig ins Rotieren geraten, sondern weil der Begriff eine Tiefendimension enthält: Sterne wie unsere Sonne rotieren um das Zentrum der Milchstraße im gleichen Rhythmus wie die Spiralen der Galaxis, und genauso rotieren die beiden Partner eines Paares in jeder Sekunde um das gemeinsame Zentrum ihres unbewussten Themas, das sie ununterbrochen von morgens bis abends und in den Träumen der Nacht reinszenieren und als ihre zentrale Aufgabe zu lösen versuchen.

6. Diese gemeinsame Entwicklung vollzieht sich nicht im Vakuum, sondern in einem einzigartigen Bedingungsgefüge,

dem spezifischen Paarfeld. In ihm spielt das Eingebundensein des Paares in das weite, vor allem unbewusste Beziehungsgeflecht zu Eltern, Kindern, Freunden, Arbeitswelt und Gesellschaft die Hauptrolle. Dazu gehören aber auch die frühkindlich erworbenen Grundeinstellungen wie Optimismus und Pessimismus, die allem Erleben und auch dem Partner seine Bedeutung verleihen, ferner die Umgangsformen mit Herausforderungen, die so genannten *coping mechanisms*, und die Belastungen existenzieller, familiärer und beruflicher Art.

7. Aus diesem Gang der Dinge resultiert eine unwiederholbare Koidentität des Paares, jene bipersonale seelische Einheit, die nicht mit Symbiose verwechselt werden darf, vielmehr die Grundform allen seelischen Geschehens darstellt. Die Einzelidentitäten der Partner sind nur zwei aufeinander bezogene Ausdrucksformen dieses unbewussten Zusammenspiels: Das Sein des Einen konstelliert sich nach dem Sein des Anderen. Die Koidentität ist wie jede andere Identität kein Zustand, sondern eine besondere Weise, sich zu entwickeln.

8. Sie entscheidet als mächtigster andauernder Faktor über unser Gesunden und Erkranken auf psychoneuroimmunologischen und physiologischen Wegen, wie die Beziehungsmedizin belegen konnte.

9. Ja, sie ist nach allen Forschungen der Kern unserer seelischen Lebensqualität und damit ausschlaggebend für den Wert unseres Lebens.

Die Quintessenz der Bindung enthält weitere Momente. Die grundlegende Koidentität des Paares ist auch die Durchgangsstation für die Einlagerung gesellschaftlicher Verhältnisse in die psychische Struktur. Denn die Kinder identifizieren sich mit den Verfassungen ihrer Eltern. Und wie erwähnt steht dies alles auf biologischem Boden. Nichts passt, was nicht in die Evolution passt.

Struktur
der künftigen Bindung

Um die Macht des magischen Moments ganz zu begreifen, muss man sich über eines klar sein: Die in ihm sich festlegende Beziehungsstruktur ist nicht nur einzigartig, sondern lebenslänglich. Wie die Buchecker die ganze Buche enthält, enthalten die ersten Minuten die gesamte künftige Bindung bis in tiefste Einzelheiten. Das meiste bemerken die Partner nicht, sie können es gar nicht; denn es ist unbewusst. Doch verblüfft viele der geradezu prophetisch anmutende Charakter der ersten Minuten, die sich später erst in ihrer ganzen Tiefe offenbaren. Das ist die Entelechie (die angeborene Kraft zur Entwicklung und Vollendung der Anlagen) des Ursprungs.

Unverkennbar ändert sich jedoch der strahlende Beginn. Der Erkenntnisgewinn der ersten Minuten liegt, wie gezeigt, darin, in ihnen die günstigen Lebens- und Liebesbedingungen zu entdecken, welche die schönsten Seiten der Beziehungsform zum Blühen bringen können. Und wer wollte das nicht?

Was Sie schon immer
über Ihre Geschlechtlichkeit
wissen wollten

«Ich habe mir meine Meinung gebildet.
Bitte verwirren Sie mich nicht mit Tatsachen.»
EIN AUFSICHTSRATSVORSITZENDER
ZU BEGINN JEDER SITZUNG

In diesem Rahmen ist es allerdings erfrischend, sich von der herkömmlichen Vorstellung zu trennen, es gebe mit Frau und Mann zwei Geschlechter. Das ist nicht mehr der Fall.

Aber ich berichte der Reihe nach, weil auch schon die gewohnte Selbstverständlichkeit von männlich und weiblich in dem von mir durchgeführten Paargruppenprojekt der Deutschen Forschungsgemeinschaft 1971–1981 interessante Ausblicke bot:

In den Paargruppen entsprachen nämlich etwa ein Drittel der Männer und ein Drittel der Frauen, seelisch gesehen, dem jeweils anderen Geschlecht – gemessen an den Merkmalen, die deutsche Frauen und Männer in einer repräsentativen Umfrage nach dem Gießen-Test angaben. Wie will man sich da nun zurechtfinden? Alle Untersuchungen über Mann und Frau müssten neu geeicht werden.

Ein Behandlungserfolg lag ferner in der Zunahme der Bisexualität, jener von der Psychoanalyse als grundlegend angesehenen Doppelgeschlechtlichkeit, die uns mit dem Mitfühlen des Partners beispielsweise ein Liebesleben erlaubt. Da wird die Einteilung in die übliche Geschlechtlichkeit schon fast absurd.

Nun hat sich aber auch die wissenschaftliche Meinung zur Geschlechtlichkeit geändert. Während früher spannungsreich davon ausgegangen wurde, männlich und weiblich seien polare Eigenschaften, sozusagen sich ergänzende Gegensätze, nimmt man heute zwei nebeneinander existierende, parallele Dimensionen an, auf der jede und jeder von uns unterschiedliche Werte erreicht.

Weibliche Eigenschaften, männliche Eigenschaften

(nach den Merkmalen im Gießentest
ermittelt von Hans Huttner)

als **weiblich** gilt	als **männlich** gilt
1. zu anderen Menschen viel Vertrauen haben	1. andere lenken
2. sehr viel Bedürfnisse nach Liebe zeigen	2. andere übertreffen wollen
3. viel von sich preisgeben	3. sehr wenig ängstlich sein
4. einem Partner viel Liebe schenken können	4. engen Anschluss an Menschen meiden
	5. als stark eingeschätzt werden
	6. Ärger abreagieren

---

5. von anderen gelenkt werden	7. gut Interessen im Lebenskampf
6. andere kaum übertreffen wollen	durchsetzen können
7. sich anderen Menschen nahe füh-	
len	
8. sehr viel Wert auf schönes Ausse-	
hen legen	
9. sich oft um andere große Sorgen	
machen	
10. als schwach eingeschätzt werden	

So gibt es also vier Geschlechter.

Davon sollten Sie nach Lesen der folgenden Zeilen ausgehen, nämlich:

1. Hoher Wert auf der männlichen, ein niedriger auf der weiblichen Dimension: der Mann – wie bisher.

2. Hoher Wert auf der weiblichen, ein niedriger auf der männlichen Dimension: die Frau – wie bisher.

3. Hoher Wert auf der männlichen wie auf der weiblichen Dimension: das neue Geschlecht der seelisch Bisexuellen.

4. Niedriger Wert auf der weiblichen wie männlichen Dimension: das neue Geschlecht der Geschlechtslosen.

Das aber ist noch nicht alles:

- Nach wie vor verteilen sich diese vier Geschlechter ganz unterschiedlich auf die biologisch gesehenen Männer wie Frauen. Damit sind auch die gleichgeschlechtlichen Beziehungen integriert und von ebensolcher Vielfalt wie die vermeintlich heterosexuellen.

- Und die Folgen für das Liebesleben sind beträchtlich: Wir nahmen bisher nur eine einzige Liebesbeziehung zwischen Mann und Frau an – fälschlich, denn die seelischen Geschlechter sind ja beiderseits verteilt, es gab also unerkannt schon in der herkömmlichen, nunmehr überholten Perspektive schwule und lesbische Beziehungen zwischen einer Frau und einem Mann. Jetzt aber, mit der Sicht auf vier Geschlechter, ergeben sich also zehn basale Liebesbeziehungen – diese nun aber gleichermaßen für drei Paarungen: Frau und Mann, Mann und Mann oder Frau und Frau.

- Schließlich liegen die zehn basalen Paarungen für vier Kombinationen vor – Mann-Frau; Frau-Mann; Mann-Mann; Frau-Frau –, sodass, wer will, auch von vierzig unterschiedlichen Liebesverhältnissen sprechen kann.

Zehn basale Liebespaarungen
für Mann-Frau-, Frau-Mann-, Frau-Frau- und Mann-Mann-Beziehungen

	weiblich	männlich	bisexuell	geschlechtslos
weiblich	weiblich weiblich			
männlich	weiblich männlich	männlich männlich		
bisexuell	weiblich bisexuell	männlich bisexuell	bisexuell bisexuell	
geschlechts-los	weiblich geschlechts-los	männlich geschlechts-los	bisexuell geschlechts-los	geschlechtslos geschlechts-los

Kurz: Die Geschlechtsidentität und damit das Liebesleben haben erheblich an Farbe gewonnen.

Sechs und zweiundzwanzig Wurzeln einer einzigen Bindung

Bevor die Liebe beginnt, ist sie schon weitgehend festgelegt. Das erfordert schon wieder eine Kränkungsarbeit. Für den Paaralltag genügt es, sich aus einer unendlichen Fülle (siehe unten) der sechs Hauptwurzeln bewusst zu bleiben, die sich in erfreulicher Datenreduktion zu drei auf jeder Seite verringern. Denn wir verinnerlichen tief gehend in den ersten etwa sechs Lebensjahren bereits:

1. die Mutterbeziehung
2. die Vaterbeziehung
3. die Elternbeziehung.

Daraus entsteht unsere eigene seelische Struktur. Mit anderen Worten: Wir sind, seelisch gesehen, nicht mehr und nicht weniger als die Verinnerlichung unserer frühkindlichen Beziehungen zu den wesentlichen Bindungspersonen.

Für meine Paarpraxis ist es schon aufschlussreich, sich nur diese sechs Wurzeln des Paares mit drei ungefähren Bewertungen – positiv, neutral, negativ – bewusst zu machen, um zu ermessen, inwieweit das Entwicklungspotenzial der Beziehung im Alltag, in Zwiegesprächen oder professionell geleiteten Paargruppen durch starke innere Bedingungen gefördert oder durch schwache seelische Konditionen behindert wird. Es ergibt sich im besten Falle ein Verhältnis von 6 positiven zu 0 negativen «Wurzeln»: 6+/0-, im ungünstigsten Fall ein umgekehrter Herkunftsquotient: 0+/6-. Für dieses sehr grobe, aber genügende Maß ist zu beachten, dass die Kindheitsbelastungen nicht allein ausschlaggebend sind, sondern viel eher die Frage, ob und inwieweit das Kind die Barrieren der ersten Jahre als Herausforderung zur Selbstentwicklung aufnehmen konnte. Aber auch diese nicht-resignative Einstellung ist ja ein seelisches Erbe der elterlichen Strukturen. Wesentlicher Ausgleich des elterlichen Einflusses liegt in einer überraschend vielfältigen Mitwirkung anderer Personen der Kindheit (siehe auch weiter unten).

Zwei Paare als Beispiel für diese ungefähre Einschätzung des Schwierigkeitsgrades der Eigenentwicklung, eine Klärung, die Sie im Übrigen gleich für Ihre eigene Beziehungslage selbst durchführen können:

Renate und Dieter, beide Ende dreißig, verheiratet, zwei Kinder, sehr lebendig, seit der Pubertät zusammen, aber strapaziert durch oft jahrelange Trennungen, mit der Frage der Entscheidungsfindung, ob sie zusammenbleiben oder sich trennen sollen:

	Frau	Mann
Elternpaar-beziehung	– «sehr schwierig» Vorwurfsduelle»	+ «Unerschütterlich» «nie Auseinandersetzung» «harmoniebetont» wenn auch: «konfliktscheu»
Mutter-beziehung	– «nie Sicherheit durch sie» «als Kind mehrfach wegge-geben» «immer Sündenbock und an allem schuld»	+ «immer für die Kinder da» «wunderschöne Geburtsta-ge» «von ihr geliebtes Kind» wenn auch: «selbstaufop-fernd»
Vater-beziehung	+ «sehr schöne Beziehung» «wurde von ihm am meisten geliebt»	+ «der große Beschützer» «fühlte mich von ihm geliebt»

Beide leiden an Fusionsangst auf Grund ihrer starken symbiotischen Neigungen und haben einen nicht ganz leichten Entwicklungsweg vor sich. Der «Rückenwind» aus den sechs Wurzeln ist allerdings recht günstig: Die Grobeinschätzung ergibt vier positive und zwei negative Zuströme: Herkunftsquotient 4+/2-. Er ist natürlich bis in kleinste Details qualitativ zu verfeinern, was sich aus dem weiteren Weg der Paarentwicklung in Dyalogen und Gruppe zwanglos ergeben wird.

Sybille und Jürgen, Ende vierzig, seit zehn Jahren verheiratet, drei Kinder, haben sich miteinander in Behauptungskämpfen verwickelt und so viel Enttäuschung, Wut und Verzweiflung angehäuft, dass sie vor einer Scheidung stehen. Ihr künftiger Weg wird erheblich schwieriger werden als bei Renate und Dieter, obwohl sie selbst fest entschlossen sind, Entwicklungsarbeit für die Beziehung zu leisten.

	Frau	Mann
Elternpaar-beziehung	–	–
	«tägliches Anschreien»	«Vater dominierte die
	«andauernde Beleidi-gungen»	Mutter»
	«zum Schneiden gespannte	«er entwertete sie ständig»
	Atmosphäre»	
	«mir hat die Luft gefehlt»	
Mutter-beziehung	–	–
	«cholerischer Typ»	«nüchtern, ohne Gefühle»
	«mich ständig prügelnd»	«ständig bei der Arbeit»
		«immer nur negativ einge-stellt»
Vaterbe-beziehung	–	–
	«ignorierte alle»	«ein harter Mann»
	«typischer Macho»	«nur bei der Arbeit»
	«nirgends Einfühlung»	«keine Gefühle»

Die sechs Wurzeln sind sehr negativ, Herkunftsquotient 0+/6-.
Es ist so gesehen schon ein Wunder, dass dieses Paar den Weg zu
mir gefunden hat, weil ein Paarexperte ja in die Elternübertra-
gung gerät und von vornherein höchst skeptisch und wenig hilfreich eingeschätzt wird. Auch die künftige Entfaltung dürfte so
dornig werden wie ihre harte Kindheit, wenn sie auch die einzige Chance darstellen dürfte. Ja, es ist die Frage, ob sich das
Paar überhaupt zu einer intensiveren Entwicklung entschließen
wird, zu vieles drängt unbewusst in die Hoffnungslosigkeit.

Die Vermutung anhand des letzten Beispiels, in die Paarpraxis
kämen die Belasteten und Geschlagenen, entspricht nicht der
Realität. Eher kommen die Gesunden, die es sich noch leisten
können, sich zur Diskussion zu stellen. Auf seelischem Gebiet
sind die Verhältnisse anders als bei organischen Leiden: Je stärker die Beeinträchtigungen sind, desto arztaverser wird das Verhalten der Betroffenen, sie meiden den Therapeuten wie die
Pest ihrer Herkunftsfamilie.

Da diese Fundamente unseres Lebens kaum zu überschätzen

sind, führten wir mit einem Shorty «Bedeutende Beziehungen im ersten Lebensjahrzehnt» bei über tausend Personen eine Untersuchung durch, deren Hauptergebnisse ich knapp wiedergebe. Wie steht es also um die Qualität der genannten drei Beziehungen bei üblichen Paaren, die nicht einen Experten aufsuchen?

Die Wurzeln der Bindung

Qualität der Elternpaarbeziehung, Mutterbeziehung, Vaterbeziehung

(Umfrage in Vortragspublikum und Zwiegesprächsseminaren, 1064 Personen, 596 Frauen, 468 Männer)

	gesamt		Frauen		Männer	
Elternpaar-	sehr schlecht:	31%	sehr schlecht:	34%	sehr schlecht:	27%
beziehung	schlecht:	13%	schlecht:	11 %	schlecht:	15%
	neutral:	9%	neutral:	8%	neutral:	11%
	ganz gut:	22%	ganz gut:	21%	ganz gut:	22%
	sehr gut:	26%	sehr gut:	26%	sehr gut:	25%
			wie bei Männern		**wie bei Frauen**	
Mutter-	sehr schlecht:	11%	sehr schlecht:	13%	sehr schlecht:	8%
beziehung	schlecht:	10 %	schlecht:	9%	schlecht:	10%
	neutral:	3%	neutral:	4%	neutral:	2%
	ganz gut:	24%	ganz gut:	25%	ganz gut:	22%
	sehr gut:	53%	sehr gut:	28%	sehr gut:	58%
			nicht so gute Be-		**bessere Beziehung**	
			ziehung zur Mutter		**zur Mutter als**	
			wie Männer		**Frauen**	
Vater-	sehr schlecht:	18%	sehr schlecht:	19%	sehr schlecht:	18%
beziehung	schlecht:	10 %	schlecht:	8%	schlecht:	12%
	neutral:	9%	neutral:	8%	neutral:	11%
	ganz gut:	29%	ganz gut:	28%	ganz gut:	30%
	sehr gut:	34%	sehr gut:	38%	sehr gut:	29%
			bessere Beziehung		**nicht so gute Be-**	
			zum Vater als		**ziehung zum Vater**	
			Männer		**wie Frauen**	

Im Diagramm der beiden oben skizzierten Beispiele ergäbe sich folgendes Bild – der Übersichtlichkeit halber bei Weglassen der Prozente für neutral bewertete Beziehungen:

Herkunftsquotienten
Wie schätzen Frauen und Männer ihre drei Wurzeln qualitativ ein?

(in Prozentsätzen positiver oder negativer Beziehungsqualität)

	Frau	Mann	alle
Elternpaarbeziehung	–	–	–
	45	42	44
	+	+	+
	47	47	48
Mutterbeziehung	–	–	–
	22	18	21
	+	+	+
	53	80	77
Vaterbeziehung	–	–	–
	27	30	28
	+	+	+
	66	59	63

Was ist zu erkennen?

1. Die Paarbeziehung der Eltern wird zu einem überraschend hohen Prozentsatz als schlecht erlebt – insbesondere, wenn man die übliche Tendenz zur Beschönigung der kindlichen Vergangenheit mitberücksichtigt: Schlecht erscheint sie 44 Prozent, gut 48 Prozent. Vorbildcharakter für die kommende eigene Beziehung ihrer Kinder haben Eltern also nur in der Hälfte der Fälle. Fast ebenso viele Kinder müssen diese Elternbeziehung in sich sozusagen überwinden.

2. Die Paarbeziehung der Eltern wird schlechter erlebt als die einzelne Beziehung zur Mutter oder zum Vater: 44 zu 21 Prozent (Mutter) und 28 Prozent (Vater).

3. Es gibt deutlich mehr gute als schlechte Beziehungen zur

Mutter (77 zu 21 Prozent) und zum Vater (63 zu 28 Prozent).

4. Die Mutterbeziehung erscheint deutlich besser als die Vaterbeziehung: 77 Prozent erleben sie als gut (Vaterbeziehung 63 Prozent), 21 Prozent als schlecht (Vaterbeziehung 28 Prozent).

5. Es gibt aber einen signifikanten Unterschied zwischen Männern und Frauen: Männer erleben eine insgesamt positivere Beziehung zur Mutter (80 Prozent zu 53 Prozent bei den Frauen), Frauen geben ein besseres Verhältnis zum Vater an (66 Prozent zu 59 Prozent bei den Männern).

Der Ödipusquotient ist ebenso bewiesen wie relativiert

(angegeben in Prozentsätzen der gut bewerteten Beziehung)

	Frauen	Männer
Mutterbeziehung	53	80
Vaterbeziehung	66	59

Das gilt zwar bei Männern auch umgekehrt für die negativen Bewertungen, nicht aber bei Frauen.

Negative Bewertungen der Mutter- und Vaterbeziehungen bei Frauen und Männern

	Frauen	Männer
Mutterbeziehung	22	18
Vaterbeziehung	27	30

Die ödipale Lage ist also zu differenzieren:

a. Der Muttereinfluss ist insgesamt positiver als der des Vaters: 77 zu 63 Prozent.

b. Die ödipale Spannung ist – nicht zuletzt deswegen – bei

Männern erheblich stärker als bei Frauen: Differenz der Bewertungen bei Männern (mehr positive als negative Einschätzungen) 62 Prozent in der Mutterbeziehung zu 29 Prozent in der Vaterbeziehung versus 39 Prozent bei den Frauen günstigere Vaterbeziehung zu 29 Prozent bessere Mutterbeziehung.

c. Frauen geben im Vergleich mit ihrer Mutterbeziehung zwar mehr positive (66 zu 53 Prozent), aber auch mehr negative (27 zu 22 Prozent) Bewertungen der Vaterbeziehungen an, das heißt, insgesamt ist ihre Vaterambivalenz höher als die Mutterambivalenz der Männer (positiv 80 Prozent, negativ 18 Prozent).

d. Obwohl die Männer zur Vaterbeziehung die stärksten negativen Bewertungen abgeben (30 Prozent) – was der ödipalen Rivalitätslage entsprechen könnte –, darf nicht vergessen werden, dass nahezu doppelt so viele Vaterbeziehungen positiv eingeschätzt werden (59 Prozent). Damit überwiegt die Vaterliebe im Vergleich zur Vaterabneigung erheblich. Der Ambivalenzquotient liegt bei 59+ / 30-. Fast identisch ist bei Frauen die Mutterambivalenz: 53+ / 22-. Aber auch hier überragt die Mutterliebe deutlich die Mutterablehnung.

Wer viel Erfahrung hat, kann übrigens bei einem Paar das Überwiegen einer Mutterdimension oder der Vatereinflüsse schon in wenigen Minuten spüren. Konflikthaftigkeiten, emotionales Klima zwischen Offenheit und Verklemmung, Initiative oder Passivität wurzeln in diesen unauslöschlichen frühkindlichen Prägungen.

Vor allem aber besteht die entscheidende Folie für das eigene Paarleben in der Verinnerlichung einer Beziehung, an der wir persönlich gar nicht beteiligt sind: der Zweierbeziehung von Vater und Mutter, genauer gesagt in der Mischform der Elternbeziehungen auf beiden Seiten. Manchmal fotografisch genau. Das übersehen auch Experten häufig.

Diese sechs Wurzeln entsprechen also unserer Beziehungsstruktur. Sie sind die entscheidende seelische Mitgift eines Paares. Sie stellt alle materiellen Güter in den Schatten.

Sechs Wurzeln sind beileibe nicht alles. Es kommen die Beziehungen zu den Geschwistern und weiteren Bindungspersonen hinzu. Insgesamt ergeben sich in der erwähnten Studie für jeden 10,8 wesentliche Bindungspersonen in der Kindheit. Das sind pro Paar also etwa 22 prägende Menschen, die unsere spätere zentrale Bindung unbewusst mitgestalten.

Wir sind also in unserer Individualität durch und durch Gruppenwesen – schon von der Herkunft her gesehen. Im Übrigen wird dadurch sichtbar, dass unsere Probleme stets jene sind, die zu lösen unseren Eltern nicht gelang. Wir müssen die Suppe auslöffeln, die Generationen vor uns zubereitet haben.

Die Vielfalt der Bindungspersonen
Fünf Konsequenzen

1. Die Anzahl der Personen, zu denen ich bedeutende Beziehungen im ersten Lebensjahrzehnt hatte, konstituiert meine Identität und die Qualität meiner Paarbeziehung. Es sind, wie erwähnt, erstaunliche 10,8 Personen. Damit erkenne ich, dass ich als Individuum im Grunde nur die Inkarnation eines Gruppenganzen bin.

2. In einer Paarbeziehung kommen aber von beiden je 10,8 Personen (also 22 Personen) zusammen. Die Paarbindung ist also eine Vielfachverflechtung. Das bedeutet: Die Qualität unserer Beziehung besteht aus sehr komplexen vielfältigen Beziehungen, im Grunde aus einer verdichteten Gruppenbeziehung.

3. Es gibt Menschen, die nur zwei Beziehungen angeben (Mutter und Vater), und Menschen, die 15 Beziehungen und mehr angeben. Der Unterschied liegt in der verinnerlichten Beziehungsvielfalt. Diese Beziehungsvielfalt dürfte ein wesentli-

ches Maß für seelisches Geschehen sein. Es ergeben sich in dieser Perspektive unterschiedliche Paarformen, beispielsweise vielfältige und magere Beziehungsverinnerlichungen. In gleichartiger, symmetrischer, und gegensätzlicher, komplementärer Form ergeben sich hier schon vier Beziehungsformen.

4. Die angegebene Qualität der Beziehungen ist allerdings auch sehr entscheidend. Ein Mann mit negativen Elternbeziehungen tut sich zusammen mit einer Frau, die Höchstwerte in positiven Werten erreicht. Dieses wäre eine komplementäre Beziehung. Ebenso ist vorstellbar eine Verbindung im Sinne einer Schicksalsgemeinschaft von Partnern mit schlechten Elternbeziehungen und Partnern mit reich gesegneten Elternbeziehungen. Negative Elternbeziehungen gehen mit Verschlossenheit, geringer Spontaneität und sprödem Verhalten einher.

Bedenkt man, dass man nicht nur selbst zehn Beziehungen verinnerlicht hat, sondern dass auch die eigenen Eltern die gleichen Verinnerlichungen erlebten und darüber hinaus alle zehn Personen, die im Durchschnitt als Bindungspersonen fungieren, dann hat man auf diese Weise nur unter Beachtung der Elterngeneration 100 Beziehungen in sich versammelt. Die Generationenfolge wird eine große Strömung von unterschiedlichen Gruppengeflechten. Die Individuen sind nur Symptome von ganzen Gruppen.

Jede Liebesbeziehung ist gleichzeitig eine fünffache Beziehung ohne Liebe

Das Glück der Verliebtheit und Liebe lässt uns jene von Anfang an gegebenen Momente nur selten erkennen, die mit Liebe nichts zu tun haben, mit ihr aber unzertrennlich legiert sind:

Jede Liebesbeziehung ist auch
eine Arbeitsbeziehung

Das Paar hat sehr konkrete Aufgaben zu bewältigen. Idealerweise ist es ein Arbeitsbündnis und dies vor allem im bedeutendsten Bereich, der Beziehungsarbeit.

Paare befinden sich, ob sie es wollen oder nicht, in zwei sehr unterschiedlichen Arbeitsbündnissen miteinander:

1. das Arbeitsbündnis hinsichtlich der Organisation des gemeinsamen Alltags, das organisierende Arbeitsbündnis;
2. das Arbeitsbündnis hinsichtlich der Reflexion der eigenen Beziehung und des eigenen psychischen Lebens, was eine gänzlich andere Aufgabe darstellt, das reflektierende Arbeitsbündnis, zu dem vor allem die Beziehungsarbeit gehört.

Die meisten Paare vergessen es einfach. Bereits die Verteilung von Erwerbsarbeit und Familienarbeit – vollständig gleichrangig in ihrer Bedeutung – nehmen sie sich gar nicht vor. Die Notwendigkeit eines Lastenausgleichs erkennen sie nicht in seiner durchdringenden chronischen Bedeutung für das Gefühlsleben.

Jede Liebesbeziehung ist zugleich
eine Geldbeziehung

Da beißt die Maus keinen Faden ab. In der Paarpraxis hat das Konsequenzen: Neben dem Wir-Konto müssen zwei Ich-Konten eingerichtet werden. Und die meist bestehende Asymmetrie der Einkommen – drei Viertel der Frauen im europäischen Raum sind finanziell vom Mann abhängig – kann durch Vereinbarungen, die jeden Handgriff der Familienarbeit mitbeachten, individuell geregelt werden. Das errechnete Mindesteinkommen einer zu Hause für die Familie arbeitenden Frau mit Mann und zwei Kindern in einer Vierzimmerwohnung liegt bei 1600 Euro *netto* pro Monat.

Jede Liebesbeziehung ist
eine mächtige Auslöschungsbeziehung

Als drücke das Schicksal auf die Computertaste Löschen, werden zahllose vorangehende Beziehungen – nicht nur die zu den Verflossenen – gleichsam entwertet oder abgeschnitten. Übrigens auch die bisherige Selbstbeziehung, die sich nun nach anderen Gesetzen entwickelt. Freunde stehen plötzlich ratlos in der Leere und fragen sich, ob sie für den Neuverliebten überhaupt je etwas bedeutet haben.

Jede Liebesbeziehung stellt
eine Selbstabwehrbeziehung dar

Jede Liebesbeziehung stellt auf beiden Seiten einen besonderen Widerstand dar: eine Selbstabwehrbeziehung. Denn man nutzt die schöne Gelegenheit nicht nur, um sich von den eigenen negativen Seiten projektiv zu entsorgen, vielmehr errichtet man zu zweit eine bipersonale Abwehrbeziehung nach dem Satz, dass doppelt genäht besser hält. So liegt eine wesentliche Motivation zur Beziehung eben darin, sich von sich selbst zu entsorgen – oftmals mit einem Empfinden größter Entlastung.

Jede Liebesbeziehung ist zugleich
eine Ungleichheitsbeziehung

Und das auf unzähligen Ebenen. Wirtschaftlich sind in Europa Frauen bis heute Männern gegenüber benachteiligt. Sie erhalten – um nur ein Beispiel unter tausenden zu nennen – für die gleiche Leistung 25 Prozent weniger Lohn.

Schon diese ökonomische Ungleichheit ist skandalös. Bei dem bisherigen Tempo des Wandels wird die Gleichstellung der Geschlechter noch bis zum Jahr 2490 auf sich warten lassen.

Sehr viel abgründiger und für mich der tiefere Hintergrund der Frauenbenachteiligung ist allerdings die meist verschwiegene seelische Unwertschätzung der Frauen. Sie ist ein Moment für sich, wenn man sie auch vom ökonomischen Kontext nicht ganz ablösen kann.

1994 ergab eine Umfrage in den USA folgende Antworten auf die Frage, welches Geschlecht man vorziehen würde, wenn nur ein Kind geboren werden könne: einen Sohn, sagten 86 Prozent der Männer und 59 Prozent der Frauen. Eine Tochter demnach maximal 14 Prozent der Männer und 41 Prozent der Frauen. Das bedeutet: Das männliche Geschlecht wird fast dreimal höher geschätzt – insgesamt 145 Prozent – als das weibliche – insgesamt 55 Prozent. Diese Grundbewertung wird natürlich vertuscht, wo es nur geht, bleibt aber die fundamentale seelische Realität der Ungleichheit.

Manchmal kommt diese Einstellung allerdings offen zum Vorschein. Eine Frau erzählte zu ihrer Kindheitsgeschichte mit vier Brüdern:

«In alle Bruderliebe mischte sich bei mir ein großer Neid: Sie durften auf Bäume klettern, sie durften mit den Pfadfindern nach Lappland und Saudi-Arabien, während mir nur erlaubt war, sie beim Abschied zum Bahnhof zu begleiten.»

Viel schärfer als durch die Geschlechtsangehörigkeit ist die Ungleichheit des Paares allerdings durch die Lebensgeschichte gegeben. Wenn Paare beispielsweise auch nur über ein einziges Moment sprechen, über die Qualität der Elternbeziehung, werden meist dramatische Unterschiede deutlich, die mehr als alles Geld der Welt das eigene Leben prägen. Kinder geschiedener Eltern haben eine geringere Lebenserwartung.

Paarbrief Fünf

Die Quintessenz der Bindung

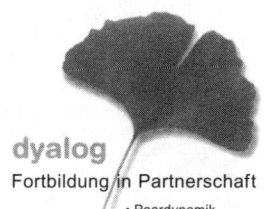

dyalog

Fortbildung in Partnerschaft

• Paardynamik
• Konfliktfähigkeit
• Beziehungskompetenz

Liebe Paare,

Frankfurt, den 14. März 2001

was vor allem bewusst zu werden verdient, ist meiner Meinung nach die völlig unterschätzte Bedeutung der Paarbeziehung. Sie macht in meinen Augen die Qualität der Partnerschaft zu einer hochpolitischen Angelegenheit. Ich fasse diesen weithin unerkannten Wert wieder unter einem bildhaften, einprägsamen Begriff: *Die Quintessenz der Bindung*. Und zwar deswegen, weil die fünf Bedeutungen sich wechselseitig sozusagen multiplikatorisch steigern.

Dabei gilt als Fundament der fünf Momente:

> Die nahezu unbemerkte *Beziehungsarbeit* mit Partnern, Kindern, Freunden und anderen ist eine besondere Arbeit erster Priorität, die alle anderen Arbeitsformen an Bedeutung übertrifft: die **Urarbeit**.

Quintessenz der Bindung

1. Die Erfüllung oder Nichterfüllung unserer Existenz

Unser ganzes gelebtes Leben wird durchgehend von einem entscheidenden Moment geprägt: Unseren bedeutendsten Beziehungen. Sie vor allem machen nach Umfragen das Glück oder Unglück, den *Sinn unseres Daseins* aus. Sie bestimmen unsere wirkliche, die seelische Lbensqualität, welche die materielle Lebensqualität des Warenkorbes an Bedeutung um ein Vielfaches übertrifft. Sie stellen die *„Existenz der Existenz"* dar. Sie sind im wirklichen Sinn lebensentscheidend, weil sie das Maß dafür bieten, ob es vor unserem Tode ein Leben gegeben hat.

2. Selbstgestaltung und kreative Leistungsfähigkeit

„Was ist der Sinn des Lebens?", fragte Johann Wolfgang von Goethe, und antwortete: „Zu leben". Das heißt: Sich selbst leben zu können, sich selbst gestalten zu können und kreativ leistungsfähig zu bleiben. Diese zentralen Wünsche hängen jedoch unmittelbar von der Qualität der Bindung ab. Selbstverantwortlicher Gestaltungsspielraum bringt die stärkste Motivation für den Arbeitsplatz mit sich. Aus Künstlerbiographien ist der Einfluß der Bindung auf das produktive Schaffen ebenfalls bekannt.

3. Gesunden und Erkranken wird am stärksten von der Beziehungsqualität beeinflusst.

Diesen Zusammenhang beschrieben wir im Paarbrief 4 unter dem Begriff *Beziehungsmedzin*. Sie betrachtet bei Gesundheit und Krankheit das körperliche und seelische Geschehen in der Perspektive der wesentlichen Bindungen eines Menschen. Die Qualität der bedeutendsten Paarbeziehung steht dabei im Zentrum. Zur Erinnerung: Alles spricht dafür, daß die Erfüllung oder Nicht-Erfüllung der zentralen Bindung den langfristig mächtigsten Faktor für Gesundbleiben und Erkranken darstellt. Gute und schlechte Beziehungen haben einen ununterbrochenen, sozusagen chronischen Einfluß, der über physiologische Veränderungen beispielsweise des Kreislaufsystems oder über psychoneuroimmunologische Prozesse schließlich auch körperliche Schädigungen bewirken kann. Medizin ist wegen ihrer Individualorientierung weitgehend blind für diesen Zusammenhang. Er läßt sich jedoch schon bei Säugetieren ermitteln – wie beispielsweise Dietrich von Holst an den monogamen eichhörnchenähnlchen Tupajas Südostasiens nachwies. Der Paarexperte John M. Gottman schreibt beispielsweise: „Paare, die einander mit Verachtung behandeln, erkranken häufiger an Infektionskrankheiten (Erkältungen, Grippe usw.) als andere." Selbst die Lebenserwartung hängt von der Qualität der Beziehung ab.

4. Ansteckende Gesundheit

Auch dieses Moment wird meist vergessen: Jeder Entwicklungsschritt in der Qualitätsverbesserung der Zweierbindung kommt unmittelbar allen anderen Beziehungen zugute, den sogenannten Lebensgruppen also, das heißt den Menschen, mit denen wir zusammenleben. Das unbewusste Beziehungsgeflecht aller, die Matrix, gewinnt an Einfühlung, Solidarität und Selbstoffenheit (Opening up). Das heißt: Nicht nur Sie selbst, auch ihr Umfeld gewinnt durch Zwiegespräche. Nach meiner Umfrage bei achtzig Psychoanalytikern sind es für jede Person im Durchschnitt über hundert Menschen.

Das wirkt doppelt weiter:
Die Menschen, mit denen Sie verbunden sind, kommen beispielsweise offener auf Sie zu; das wiederum führt in der Folge zu positiven Wechselwirkungen, die in Ihren Lebenskreisen das zwischenmenschliche Klima und seine Entfaltung fördern (siehe auch das familiäre Beispiel unten).
Und noch mehr: Diese Menschen geben wiederum an ihre Lebensgruppen die positiven Momente der Gesprächsbereitschaft weiter.

5. Große Generationenwirkung

Jedes Paar, das Kinder hat, ist sich in der Regel seiner großen Generationenwirkung nicht bewußt: Die seelische Struktur der nächsten Generation – somit ihre Chancen und Bhindrungen, ihr Erleben, Verhalten und Entscheiden - beruht auf der Verinnerlichung der Mutter-, der Vater- und – oft vergessen – der Elternbeziehung. Die Bedeutung dieses Mmtes ist kaum zu überschätzen, ganz abgesehen von der jeweils aktuellen positiven Wirkung der Elternpaardialoge auf die Familiendynamik. Das folgende Beispiel illustriert diesen Einfluß:

Nach der Rückkehr von Vorträgen und Seminaren in Hamburg und Bremen, an denen fast hundert Paare Zwiegespräche erlernten und sich zu fünfzehn Erfahrungsgruppen zusam-

mentaten, fand ich eine Nachricht auf meinen privaten Anrufbeantworter vor. *Eine ältere Dame aus Wien sprach, offensichtlich einem spontanen Impuls folgend, mitten am Tag, langsam und mit starkem österreichischem Tonfall einige Sätze, die ich wörtlich notiere, weil sie die Wirkung des Dialogkonzeptes umreißen:*

„Am Apparat ist Jäger aus Wien. Herr Professor, ich wollt' mich eigentlich nur bedanken. Ich hab' Ihr Buch „Die Wahrheit beginnt zu zweit" von meinem Schwiegersohn bekommen. Ich hab' mit meiner Tochter vierzig Jahre lang ein sehr gestörtes Verhältnis gehabt. Wir haben dann nach Ihren Erkenntnissen Zwiegespräche geführt. Meine Tochter sagt selber, es ist wie ein Wunder. Und so befreiend war das. Wir haben jetzt das beste Einvernehmen. Und es wirkt sich auch auf die Enkeltochter aus.
So, Herr Professor, so etwas müssen Sie auch hören. Vielleicht haben Sie net immer die Rückmeldungen von der Wirkung Ihrer Werke.
Jäger aus Wien. Danke schön und auf Wiedersehen."

Der entscheidende gesundheitspolitische Schluss liegt darin, dass die Paarbeziehung und alle weiteren Bindungen – wie die Beziehung zu Kindern und Freundschaften – nicht nur für die Lebensqualität oder gar den Lebenssinn, sondern auch für die seelische wie körperliche Gesundheit und die Zukunft verantwortlich sind und deshalb an erster Stelle entwickelt und gefördert werden müssen. Dies gilt auch für persönliche Entscheidungen: Daß Sie Zwiegespräche führen und Seminare besuchen, ist Ihre vielleicht wertvollste Selbstinvestition, die Ihnen selbst zeitlebens zugute kommt, aber auch weit über Sie hinauswirkt – bis in die Zukunft Ihrer Kinder. *First things first: Fortbildung in Partnerschaft.*

mit herzlichen Grüßen

Ihre

Michael Lukas Moeller   Célia Maria Fatia

Organisationsbüro: Brigitte Riedel
Ronneburgstraße 24, 63694 Limeshain
Tel. 06048 - 95 27 81, Fax 06048 - 95 27 82
www.dyalog.de, e-mail: a.b.riedel@t-online.de

Projektleitung: Célia M. Fatia, M.A.
in Zusammenarbeit mit Prof. Dr. med. Michael Lukas Moeller
Direktor des Institutes für Medizinische Psychologie am Klinikum
der Johann Wolfgang Goethe-Universität in Frankfurt am Main

Bankverbindung:
Dresdner Bank
BLZ: 500 800 00
Konto-Nr: 03 717 112 01

3
Verliebtheit
und Liebe

Verliebtheit, die zur Liebe führt

Die Verliebtheit verhält sich zur Liebe wie der Anfang zum Ende. Die Entelechie der Verliebtheit ist die entfaltete Liebe. Ihre Energie ist nötig für die gewaltige Umstrukturierung, die eine Liebe bedeutet.

Allerdings münden ja nicht alle Verliebtheiten in Liebe. Sie beleben zwar das Leben, doch erweisen sich die meisten nicht als zukunftsfähig. Oft stellt sich diese verlorene Liebesmühe erst im Nachhinein heraus. Aber es will, wie Nietzsche lakonisch bemerkte: «auch die hohlste Nuss noch geknackt sein.»

Doch jede Liebe hat als Quelle die Verliebtheit. Sie muss das Ganze von Anfang an schon in sich tragen. Ratlos oder verwirrt werden wir angesichts unserer erotischen Empfindungen wie immer nur durch unsere Verdrängung und Verleugnung. Oft wird eine Verliebtheit von uns über längere Zeit gar nicht bewusst wahrgenommen.

Die Psychoanalyse sieht die Verliebtheit eher als eine narzisstische Entflammung. Der andere gleicht unserem Idealselbst und gewinnt dadurch den großen Einfluss auf uns. Das geschieht meist wechselseitig. Einige Worte von Sigmund Freud bieten einen Ausschnitt aus dem komplexen Geschehen: «Die Verliebtheit besteht in einem Überströmen der Ichlibido auf das Objekt. ...Sie erhebt das Sexualobjekt zum Sexualideal... Man liebt dann nach dem Typus der narzisstischen Objektwahl das, was man war und eingebüßt hat oder was die Vorzüge besitzt, die man überhaupt nicht hat... Was den dem Ich zum Ideal fehlenden Vorzug besitzt, wird geliebt... Dies ist die Heilung durch Liebe.»

Erst später kommt die partnerbezogene Liebe hinzu. Wir beginnen uns nach und nach an ihn anzulehnen. Wie man dazu auch stehen mag – der Big Bang des Beginnens schenkt uns jenen Schwung, der die Entwicklung zu zweit beflügelt.

Liebe existiert, aber sie ist eine andere
Was ist Liebe?
Dreißig Momente

Die Liebe scheint vielen als ein unbegreifbares Geheimnis. Aber unsere pure Existenz ist ein ebenso unerschließbares Wunder. Drei Momente scheinen mir Laien wie Experten den Zugang zur Liebe zu erschweren:

- Sie ist weitgehend vorbewusst und unbewusst,
- sie setzt ein anderes Denken voraus,
- vor allem aber unterliegt sie der Angstabwehr.

Wahrscheinlich ist deswegen eine Theorie der Liebe – wie Eberhard Schorsch festhält – aus der Sexualwissenschaft verbannt und auch in der Psychoanalyse nicht aufgestellt worden. Erschwerend kommt hinzu, dass die Liebe den Inbegriff des Gefühlslebens darstellt, zu dem vor allem die in der Wissenschaft dominierenden Männer einen nur scheuen Zugang haben. Dass eine Wissenschaft von der Liebe vor allem eine Affekttheorie sein müsse, ist das dürr-maskuline Resultat bisheriger Reflexionen.

Das folgende Panorama der Liebe soll in der Art eines Telegramms einige ihrer Wesenszüge zusammenfassen. Es macht deutlich, wie viele Voraussetzungen für ein Erfassen der Liebe nötig sind. Sie übersteigen die Ausbildungen und Fähigkeiten eines Einzelnen, sind aber auch von einer transdisziplinären Gruppe wohl nicht zu integrieren.

Bei der Vielfalt der Perspektiven sind Wiederholungen unvermeidlich, fördern aber auch die Vertrautheit mit der neuen Sichtweise.

Die Liebe ist als ungeschiedenes Ganzes in allen ihren Teilen gegenwärtig

Eine Liebe entsteht nicht, wenn sie entsteht, sie ist zuvor in beiden Partnern angelegt, ja überwiegend festgelegt. Sie wird wachgerufen. Wir haben die Liebe bereits verinnerlicht, bevor sie uns außen begegnet. Es ist im Ursprung die Liebe der Eltern, vor allem der Mutter zu uns, und hängt somit durch und durch von der Qualität der elterlichen Paarliebe ab. Sie bildete vom ersten Atemzug und schon weit davor intrauterin eine Atmosphäre, in die wir hineingewachsen sind – ähnlich, wie wir alle in eine Sprache hineinwachsen und sie auf unsere individuelle Art variieren. Diese primäre Liebe gibt allem, was wir erleben, seine Bedeutung. Unser Leben kann man betrachten als eine Ausdifferenzierung dieser allumfassenden Liebe – ähnlich einer befruchteten Eizelle, die sich schließlich in etwa zweihundert verschiedenen Zellformen spezialisiert, wovon ein ausgewachsener menschlicher Organismus rund 70 Billionen hat. Nichts kann außerhalb dieser Liebe oder Nichtliebe sein.

Jean Paul Sartre an Simone de Beauvoir: «Ich habe nie so stark gespürt, dass unser Leben keinen Sinn mehr hat außerhalb unserer Liebe und dass nichts etwas daran ändert, weder die Trennungen noch die Verliebtheiten, noch der Krieg.»

Religionen vermitteln das, und jeder, der eine große Liebe erlebte, weiß, dass nichts sie übersteigen kann. Der Hass als die Enttäuschungsform der Liebe wirkt genauso. Das Ganze ist zuerst. Dann kommen die Teile.

Wenn die Liebe zuerst als Ganzes, als undifferenziertes Gefühl gegeben ist entsprechend dem, was bei der seelischen Entwicklung in der allerfrühesten Lebenszeit Coenaesthesie genannt wird, dann tragen alle Teile, die sich später aus dem Ganzen herausdifferenzieren, eben dieses Ganze in sich. Die in Entwicklungsschritten sich entfaltende Liebe ist eine Epigenese, die alle Vorstufen enthält und variiert. Nichts geht verloren; denn das Unbewusste vergisst nichts. Liebe ist so gesehen ein Hologramm. Jedes Detail trägt das Ganze in sich. Anders gesehen sind also alle Einzelheiten der Liebe miteinander legiert. Jeder wirklich Liebende hat dieses allgegenwärtige Ganzheitsempfinden erfahren.

Die Illusion der Aufspaltungen, die heute die Erscheinungsform der Neosexualitäten kennzeichnet, wird daran deutlich. «Ich liebe nur ein kleines Detail an dir», wie Bert Brecht sagte, ist die dichterische Freiheit des Selbstbetrugs. Denn dieses Detail, würde man es in Psychoanalyse oder Hypnose erforschen, enthält im Hintergrund die vollständige, sich vor dem Ganzen der Liebe fürchtende Beziehungsform.

Das Licht der Liebe erschafft den Schatten: stärkste Polaritäten

Glück und Unglück erzeugen sich wechselseitig. Wir aber wollen allein die lichte Seite sehen und verdrängen das durch die Liebe entstehende Unglück. Wir vergessen, dass die Liebe in ihrer unbeschreiblichen Vitalität fähig ist, das Grauen der Einsamkeit zu bewirken. Nur wer die Liebe meidet, kann dem Schmerz entgehen.

Weil wir in der Liebe zur höchsten Intensität unseres Lebens kommen, entstehen auch die stärksten Polaritäten. Ich nenne sie nur, um sie dem beschönigenden Vergessen zu entreißen:

- Die Liebe wird als Befreiung der eigenen Existenz erlebt, bewirkt aber ebenso eine dramatische Einschränkung der eigenen Entwicklung durch die Bindung an einen einzigen Partner.
- Vor der Bindung vollzieht sich die Entbindung: Der«Bund fürs Leben» löst in seinem Umbruchcharakter zahlreiche bestehende Bindungen bis zur Entwertung auf. Die Herkunftsfamilie wird oft mit der Liebe verlassen und steht nun im Abseits.
- Liebe bewirkt einen starken Ichaufbau, Menschen wachsen, heißt es, über sich hinaus – aber zugleich bedroht sie uns mit Ichauflösung und Fusionsangst.
- Liebe ist ein Gegensterben, jawohl – aber nichts ist dem Tode näher als die Liebe. Als er die Liebe wie in einer Erleuchtung erkannte, durch und durch gefühlsnah und existenziell begriff, sagte ein Mann (siehe weiter unten), hatte er zugleich die Vorstellung, nun mit dieser Erfüllung leicht sterben zu können.
- Der Liebende liebt aus dem Partner die besten Möglichkeiten heraus, er erschafft ihn – doch zugleich verzehrt er ihn, verschlingt ihn, verbrennt ihn mit seiner Leidenschaft, er vernichtet ihn.
- Nichts erfüllt einen Menschen stärker als die Liebe, mit einem Schlag sind alle Fragen nach dem Sinn der Existenz und des Universums dahin, der Reichtum allein durch die Gegenwart des oder der Geliebten ist nicht zu überbieten – und zugleich zeigt die mit der Liebe erwachsende Sehnsucht unsere unendliche Armut, wenn wir ohne sie oder ihn sind.
- Berge kann die Liebe versetzen, sie ist der Inbegriff höchster Kreativität und Produktivität – zugleich ist sie in ihrer allumfassenden statt einseitigen Mobilisierung, in ihrer Multidimensionalität wie im Spiel statt zielgerichteter Aufgabenorientierung und ihrem regressiven Sog statt geschlossener

Rationalität völlig kontraproduktiv für eine moderne Leistungsgesellschaft.

- Gesellschaftserhaltend ist die Liebe zweifellos – sie bewirkt unmittelbar und indirekt alle Bindungen in der Gemeinschaft der Menschen und erzeugt leibhaftig ihre Mitglieder – und gleichzeitig unterminiert die Liebe alle Ordnungen, zerreißt Normen, bäumt sich gegen Gesetze auf, sie ist ebenso gesellschaftszerstörend.

Staunen als religiöses Grundgefühl erfüllt die Liebe angesichts der Zufälle ihrer Entstehung – und auch Entsetzen

Die Ironie der Demokratie liegt darin, dass wir die bedeutendsten Figuren unseres Daseins, die so gut wie alles bestimmen, nicht wählen können: die Mutter und den Vater. Sie sind – nächst unserer Existenz selbst – unser großer Zufall. So ist auch das Grundgefühl der Liebe: Sie ist da, nicht gewählt. Verfolgt man die Liebe auf ihre Wurzeln zurück, stößt man vor allem auf Zufälle. Zufälle beispielsweise, die zur Begegnung führten, schöpferische Zufälle. Und es tut sich ein Gefühl in der Liebe auf, das als Grundempfinden der Religionen gilt: ein überwältigendes Staunen über das, was da geschieht. Der Uranfang.

Dieses Staunen aber hat im Entsetzen seine Polarität: Beim Betreten der dionysischen Mysterien ergriff die Initianden nicht ein Taumel der Freude, sondern blankes Entsetzen. Vielleicht enthält unser Wort Ehrfurcht beides in einem – Staunen und Entsetzen. Jedenfalls ist eine Hauptwirkung der Liebe die Angst, so sehr, dass sie oft im Moment ihres Entstehens gar nicht gefühlt wird.

In der Liebe sind auf einzigartige Weise Lebensgeschichte und Stammesgeschichte verdichtet

«Die junge Erde, von UV-Licht bombardiert,
könnte der Schauplatz einer Jahrmillionen dauernden Orgie
von Bakteriensex mit Genaustausch gewesen sein.»
LYNN MARGULIS, DORION SAGAN

Die Herkunft der Liebe reicht nicht nur bis in unsere intrauterine Zeit, ja, wie ausgeführt, bis zum magischen Moment jenes Paares, das später zu unseren Eltern wurde, die Liebe ist also nicht nur eine Kristallisation unserer Lebensgeschichte, vielmehr geht sie Milliarden Jahre zurück und enthält phylogenetische Phasen als biologisches, das heißt genetisches, besser epigenetisches Fundament.

Die älteste Wurzel scheint Angst und Schutzsuche zu sein, dicht gefolgt von der zweiten, mit der sie unlösbar verschlungen ist, der Aggressivität und Verteidigungshaltung. Schließlich ist die Liebe aus einer Säugerwurzel entstanden, aus der individualisierten Brutpflege, die erst die persönliche Bindung in der Mutter-Kind-Beziehung entwickelte, um sie späterhin zur Erwachsenenbindung zu verwenden. So wurde dann auch die Sexualität in die Dienste dieser Bindung gestellt. Zuletzt – vielleicht vor vierzigtausend Jahren – fügte sich als spezifisch menschliches Moment das Sich-seiner-selbst-Bewusstwerden und damit auch die Autonomie zur Liebe hinzu, so sehr, dass menschliche Sexualität in seelischer Perspektive von Eigenständigkeit kaum zu unterscheiden ist. Alle Phasen stammesgeschichtlichen und lebensgeschichtlichen Werdens – oral, anal, ödipal, genital und noch darüber hinaus – verdichten sich epigenetisch zu einer Art Energie aus einem Guss, die in ihrer gegenwärtigen Erscheinungsform durch und durch gesellschaftlich geprägt ist.

Das Ziel der Liebe ist die Vielfalt
der Weiterentwicklung

«Leben ist Ausdehnung von Dasein
in die nächste Generation, in die nächste Art.»
LYNN MARGULIS, DORION SAGAN

Die Liebe umfasst mehrfache Ziele. Gewaltiger und nüchterner sind sie kaum zu denken: Sie dient unserer puren

- Existenz,
- dem Überleben,
- der Weiterentwicklung und der
- Vielfalt unserer Art.

Ohne Liebe wären wir nicht da. Das vergessen wir im Alltag gern. Lieben ist in einer ungewohnten Sichtweise gleichbedeutend mit der besten, wahrscheinlich einzigen Form menschlichen Überlebens.

Liebe legiert drei unabhängige Momente: Sexualität, Bindung und Autonomie

In der menschlichen Liebe sind drei konflikthafte Momente verschmolzen: die Sexualität, die Bindung und die Autonomie. Ich führe das zuvor Gesagte etwas aus: Während sich die Sexualität vor etwa zwei Milliarden Jahren in ihren Vorformen (der Konjugation mit Genaustausch) schon bei Bakterien bildete und allein durch ihre weltweite Existenz ihre evolutionären Vorzüge bewies, ist die exklusive Bindung ein spätes Ereignis, beginnend bei jenen noch Eier legenden Tieren, die schon säugerähnliche Eltern-Kind-Beziehungen entwickelten – vor über zweihundert Millionen Jahren. Die menschliche Verhaltensforschung erweitert das biologische Fundament der Bindung und damit der Liebe noch um Angstreaktionen, also Schutzsuche, und Aggression, also Verteidigungs- und Kampfverbundenheit. Konrad Lorenz sah die Liebe deswegen als Kind der Aggression.

Es ist natürlich ein krasser Zufall, dass diese Linie sich bis zum Menschen weiterentwickeln konnte. Doch da es nun einmal geschah, ist die tiefste Wurzel unserer Paar-Bindung die Mutter-Kind-Bindung. Die Entwicklung aller Verhaltensweisen, die zur persönlichen, also individualisierten Brutpflege und Betreuung gehören, bezeichnet Irenäus Eibl-Eibesfeldt als «Sternstunde der Verhaltensevolution». Sie wiederum gründet auf einem Repertoire angeborener, wechselseitiger Signale und Reaktionen zwischen Mutter und Kind. Sie hat sich auf den Vater und andere Bindungspersonen erweitert und übertrug sich auf die Liebesbindung zwischen Erwachsenen. Die Bindung von Mutter und Vater bewahrt für das kleine Kind die notwendige Geborgenheit einerseits, andererseits aber auch die mehrjährige Chance in der verlängerten Kindheit, die Menschen auszeichnet, durch Identifikationen und Erfahrungslernen überlebensfähig zu werden. Erlebe ich die tiefe Bindung an meine Geliebte, dann wird mir dieser umfassende Raum, der weit über das direkte intime Verhältnis hinausgeht, so gut wie nicht bewusst.

Weil diese beiden großen Komponenten der Liebe so unterschiedlicher Herkunft sind, zerfällt die Liebe zuweilen. Es gibt Sexualität ohne Liebe, das heißt ohne große Bindung, und es gibt Bindung ohne Sexualität, eine häufige Form heutiger Ehen.

Mit der Selbstbewusstseinsexplosion vor vierzigtausend Jahren entstand nicht nur das Selbstgefühl des Menschen und damit seine Autonomie, die im gleichzeitigen Erkennen allseitiger Abhängigkeit gern überhöht wird, sondern auch die wirkliche menschliche Liebe, die sich ihrer selbst bewusst wird. Diese Autonomie bildet nun einen Kern der Liebe, steht aber, wie wir wohl alle erlebt haben, in stärkstem Kontrast zur Bindung und sogar zur Sexualität mit ihren abhängig machenden Kräften.

Liebe gewinnt ihre Kontur
durch rigorose Elimination: Bindung und Entbindung
erzeugen sich wechselseitig

Die Liebe realisiert sich mit ungeahnten, vollständig mobilisierten Kräften, aber eben deswegen auch rigoros. So erfüllend sie ist, so gewaltig ist auch ihre eliminierende Wirkung, ihre Verlustzone. Sosehr sie einer Wiederbelebung der Vergangenheit entspricht, so stark setzt sie sich von allem in der Vergangenheit ab. Sie, der Inbegriff von Bindung, ist ein geradezu durchgehender Abschied von der Vergangenheit, eine Entbindung. Und noch mehr: Indem sie sich realisiert, löscht sie alle anderen Chancen aus: Nur sich selbst verschafft sie Gültigkeit, nichts anderem. Dieses Phänomen der rigorosen Elimination ist allerdings der Boden unserer Existenz. Unzählige Möglichkeitsformen auf allen Ebenen des Daseins gerinnen nur zu einer einzigen Wirklichkeit. Die Evolutionslehre hat nachgezählt: Es gibt hundert Quantenarten, aber nur drei Quarks bilden die uns bekannte Materie; Tausende von Elementen sind kombinierbar, aber nur hundert stabil wegen der Formbedingungen der Atomgesetze; diese hundert Elemente könnten Trillionen von Molekülkombinationen ergeben, aber nur eine Million sind entstanden; eine alle kosmischen Dimensionen übertreffende Artenanzahl wäre möglich, es gibt insgesamt aber nur ein paar Millionen; unzählige Sprachen wären möglich, es gibt nur etwa tausend; unvorstellbar viele Kulturen hätten entstehen können, es gibt nur etwa hundert. So ist auch die eine und einzige Liebe eine winzige Insel im Ozean der Möglichkeiten – und um die nächste stünde es nicht besser.

Liebe ist eine doppelte Beziehung:
zum anderen und zu mir selbst

Zehn Jahre sind Simone de Beauvoir und Jean-Paul Sartre bereits ein Paar. 1939 trennt sie der Krieg. Sie schreiben sich täglich. «In der dichtesten Fassung besagt das Bekenntnis», schreibt Walter van Rossum: «Sie sind mein Leben, mein Glück und ich selbst.»

Liebe umfasst wenigstens zwei Beziehungen zugleich: Die Beziehung zum anderen und die Beziehung zu mir selbst. Sie ist in mir übrigens schon als etwas angelegt, was man verinnerlichte Beziehungsrepräsentanz nennen kann. Ihre Grundform bildete sich aus der Elternpaarliebe, der Mutter- und der Vaterliebe, jenen drei genannten Hauptwurzeln also. Die Beziehungsrepräsentanz prägt sowohl die Liebe zu mir selbst wie die Liebe zum anderen. Da dies beiderseits geschieht, bestimmen mindestens sechs Beziehungen den Lauf der Liebe.

Zu neun Zehnteln ist die Liebe
unbewusst

Liebe ist zu neun Zehnteln vorbewusst oder unbewusst. Sie lebt aus der Intuition, die etwas tiefer ins Vorbewusste und Unbewusste reicht als das Bewusstsein. Dass wir sie als Geheimnis erleben, ergibt sich durch diesen riesigen Raum. «Unbewusstes erkennt Unbewusstes irrtumslos», hat die Psychoanalyse erfahren. Und so konstelliert sich die Liebe von Anbeginn als unbewusstes Zusammenspiel, als Kollusion. Eine Seite lässt sich nicht ohne die andere verstehen, auch Goethes (auf Spinoza zurückgehender) Satz nicht: «Wenn ich dich liebe, was geht's dich an?»

Liebe ist eine so noch nie da gewesene Neuschöpfung

Indem Beziehungsrepräsentanzen auf beiden Seiten aktualisiert und kombiniert werden, geschieht etwas völlig Neues, eine noch nie zuvor da gewesene, unvorhersehbare Schöpfung, eben diese Beziehung, die keiner anderen auf der Erde gleicht.

Sartre an Beauvoir: «Sie erlauben mir, jede Zukunft und jedes Leben ins Auge zu fassen.»

Solche Schritte bezeichnet man in der Evolutionslehre als Fulguration, eine kreative Neuschöpfung, die in den vier Milliarden Jahren des Lebens alles zustande brachte, was lebte und lebt.

Liebe ist die tiefste Erfüllung der Selbstverwirklichung

Ein zweiundvierzigjähriger Mann berichtete: «In einem unscheinbaren Moment mitten beim Liebemachen durchflutete mich ein Empfinden, das mich mit einem wissenden Glück ganz erfüllte – weit vor dem Orgasmus. In diesem Augenblick erfuhr ich alles, was Liebe heißt. Ich erkannte ebenso plötzlich, dass die Frage nach dem Wesen der Liebe mich von frühester Kindheit an bewegte, ohne dass es mir je bewusst wurde. Diese vollständige Erfüllung war die Antwort. Ich hatte das Gefühl, nun leicht sterben zu können, nachdem dieses Erlebnis geschehen ist.»

Es ist an diesem Beispiel übrigens bemerkenswert, wie sehr wir mitten in der Beziehung sind, wenn wir ganz zu uns kommen. Diese Erfüllung macht die genannte Vitalisierung, die enorme

Belebung, die Berge versetzt, die Energieladung und die Ganzheitlichkeit der Liebe aus. Das grenzenlose Glücksgefühl verbindet sich mit dem Empfinden, dass alles passt – alle Ziele, alles Vermögen, alles, was man ist und kann, mit allem, was machbar ist. Und die intensive Lebendigkeit erschafft zugleich polar die Nähe zu Sterben und Tod.

«Denn alle Lust will – Ewigkeit»

NIETZSCHE, «Also sprach Zarathustra»,
Vierter Teil

Diese Passform der Liebe ist eingebettet in ein Grundgefühl paradoxerweise zeitloser Zukunft und Vergangenheit: in das bekannte Ewigkeitsgefühl, das einerseits zurückreicht bis in die intrauterinen Anfänge des Schwimmens im Glück – «ich kenne dich schon seit tausend Jahren» – und andererseits mit dem Wunsch, gemeinsam alt zu werden oder auch noch nach dem Tod vereint zu sein, jene Unendlichkeit enthält, die Schopenhauer auf den Urauftrag der Liebe zurückführt, die nächsten Generationen zu schaffen. Es ist gleichsam eine seelische Parallele zur Keimbahn.

Liebe wiederholt die Verletzung und heilt sie zugleich

Die stärkste Faszination in der Liebe kommt auf, wenn ich mit dem andern erstens meine beschädigenden Erlebnisse reinszenieren und zweitens beheben kann. Diese polare Struktur zwischen Verletzung und Heilung heißt, dass die Liebe lösungsorientiert ist und unerledigte Aufgaben durcharbeitet. Sie ist seit antiken Tagen Krankheit und ihre Heilung zugleich. So ist sie von Anbeginn geradezu identisch mit dem Impuls zur Entwicklung und Selbstintegration. Der Gott der Liebe sei der «menschenfreundlichste unter den Göttern», heißt es in Platons «Gastmahl», «da er den Menschen Beistand und Arzt ist».

Die Lebendigkeit der Liebe ist das Gegensterben

So wundert es nicht, dass sie der Inbegriff des Lebens, des Gegensterbens ist, jener Kraft, die sich gegen den permanenten Zerfall richtet. Liebe erschafft gegen den Tod, sodass Depressive sich gern verlieben, um den Atem des Lebens wieder zu spüren. Sie hat aber mit dem Tod auch etwas gemeinsam: das Eingehen in die unendliche Kontinuität, in der sich die beiden Ichs wie in einem Gravitationskollaps vereinen und auflösen.

«Schicksalhaft für die Zukunftsgeschichte von Lebensformen einschließlich des Menschen wurde die Sexualität bei Protoctisten unausweichlich mit dem Tod verknüpft», schreiben Lynn Margulis und Dorion Sagan. «Altern und Sterben beruhen auf einem internen Vorgang, Thanose. Dieser entstand in unseren mikrobiellen Vorfahren einige Male bei der Evolution sexuell sich fortpflanzender Individuen. Seltsamerweise entwickelte sich so selbst der Tod. Dieser war in der Tat – und ist immer noch – die ernstlichste sexuell übertragbare ‹Erkrankung›.»

In jeder Liebe kombinieren sich zwei Lebensgeschichten

Liebe ist die Kombination zweier Lebensgeschichten, weil sie stets eine Beziehung darstellt.

Was unser ursprünglichstes, fundamentales Lernen, das Strukturen schaffende Erleben nämlich, mit sich bringt, kann man sich als unterschiedlichste Beziehungsbereitschaften vorstellen. In einer Gesellschaft von vielen Menschen wird mich derjenige am stärksten anziehen, der die meisten und bedeutendsten Valenzen in mir anspricht. Gliedert man diese nach den Bindungspersonen der Kindheit, lässt sich eine interessante Alternative anschaulich machen: Einer berührt mich zu 40 Prozent wie meine Mutter, zu 30 Prozent wie mein Vater und zu 20 Prozent wie mein Bruder. Mit seiner Bindungsintensität von insgesamt 90 Prozent ist er für mich interessanter als alle anderen, die prozentual weniger ansprechen. Es könnte aber einen anderen Menschen geben, der sich ebenfalls zu 90 Prozent mit meinen Beziehungsbereitschaften verbindet – nur auf eine ganz andere Weise: zu 70 Prozent wie mein Vater, zu 5 Prozent wie meine Mutter und zu 25 wie meine jüngste Schwester. Dann habe ich die Qual der Wahl. Das Leben wird die Entscheidung nach einiger Zeit immer mit sich bringen.

Die Valenzen müssen von beiden Seiten zueinander kommen, also die erwähnte Kombination zweier Lebensgeschichten darstellen. Und zugleich ist diese Beziehungsformation eingebettet in den Zusammenhang der doppelten Faszination von Verletzungsrezidiv und Heilungschance.

Liebe ist das Übereinstimmen zweier zentraler Beziehungen

Der seelische Organisator der Liebe, jene innere Instanz also, die das Geschehen steuert, ein Suchbild und ein Zielbild zugleich, ist am besten als zentrale Beziehung zu bezeichnen. Wir tragen diese Vorstellung einer erfüllenden Bindung, eine Art Ideal, das auf unserem Erleben beruht, alle in uns. Die große Liebe entsteht, wenn wir einem Menschen begegnen, mit dem wir diese zentrale Beziehung erfahren können. Eine solche Erfüllung mobilisiert jedoch große Ängste, sodass ich davon ausgehe, die große Liebe werde deswegen in etwa 80 Prozent nicht realisiert.

Die zentrale Beziehung hat ungezählte Wurzeln: Mutter-,

Vater-, Geschwisterbilder wiederholen sich in ihr; die Trigger aus der Zeit zwischen dem vierten und achten Lebensjahr, die erwähnte *love map*, ist in ihr integriert; zahlreiche evolutionsbiologische Momente kommen hinzu. Es handelt sich um einen Schichtenbau der Überformungen, die von der Vorsäugerzeit bis in die speziellsten kulturellen Einflüsse reicht.

Liebe ist ein vierdimensionaler Vorgang, kein Zustand

Das ist gut
Keinen verderben zu lassen,
auch nicht sich selber.
Jeden mit Glück zu erfüllen, auch sich,
das ist gut.
BERT BRECHT

Liebe ist kein Zustand, sosehr sie sich danach anfühlt, sie ist ein ununterbrochener Vorgang und könnte dementsprechend am besten von den Entwicklungswissenschaften erforscht werden. Verwandlung bedeutet aber nicht nur die Irritation, den gegenwärtigen Glückszustand womöglich zu verlieren, sondern enthält auch die Vorstellung ihres Endes. Deshalb scheuen wir vor dieser Zeitdimension zurück. Liebe ist mit ihr stets und immerdar vierdimensional: Die Paardimension, die beiden Selbstdimensionen und die Zeitdimension bilden zusammen unseren Vorstellungsraum. «Ob eine Ehe gut ist, kann man zur silbernen Hochzeit noch nicht sagen.» Wie sich im psychotherapeutischen Bereich beispielsweise Paargruppen von einem Jahr, zwei, drei oder vier Jahren seelisch deutlich unterscheiden lassen, dürfte also auch die Liebe unterschiedlich sein je nachdem, wie lange sie existiert. Es gibt Versuche, Phasen längerfristiger Liebesbeziehungen zu belegen. Doch auch hier ist die Anzahl möglicher Verläufe kaum einzuschätzen. Das Leben ist zu vielfältig. Es ändern sich auf allen vier Dimensionen durchaus nicht abgestimmt das eigene Selbst, der Partner, die Partnerschaft, das Umfeld, die Positionen, die Energie und die Entscheidungen. Nach Vaillants Lebenslaufuntersuchung, die nun schon über sechzig Jahre Harvardabsolventen begleitet, ist nur eines vorhersagbar: dass die Abwehrmechanismen, das heißt die Angstumgangsformen, sich nicht wandeln.

In der Liebe sind Ähnlichkeiten
und Gegensätze vereint

Liebe ist eine balancierte Mischform aus Symmetrie und Komplementarität, aus Ähnlichkeit und Ergänzung. Auch diese zweifache Dimensionalität entspricht einer polaren Struktur. Ich erwähnte schon, dass «Gleich und Gleich gesellt sich gern» und «Gegensätze ziehen sich an» im Regelfall einer Liebesbeziehung zugleich vorliegen. Vermutlich bietet die Mischform eine höhere Stabilität. Im fünfdimensionalen Gießentest, einem psychoanalytischen Persönlichkeits-Fragebogen, liegen fast regelmäßig symmetrische und komplementäre Werte beim Vergleich beider Partnerprofile vor.

Ähnlichkeiten werden von Verliebten betont und spiegeln sich bis in den Gleichklang von Gesten und Haltungen. Nur auf eine Gegensätzlichkeit will selten jemand verzichten: auf den Geschlechtsunterschied.

Liebende vertragen sich
wie selbstverständlich durch Verträge

Nicht das Einkommen, sondern das Miteinander-Auskommen entscheidet über die Qualität der Liebe. Sie beruht auf der Fähigkeit zum Abkommen. Kaum einer wundert sich, dass es Liebenden so leicht gelingt, jene Verträge zu schließen und einzuhalten, die begründen, ob zwei Menschen sich vertragen. Das beruht weniger auf der illusionären Verkennung des anderen, vielmehr auf dem Phänomen, dass Verliebte die natürlichen Zwiegesprächler darstellen und auf diese Weise miteinander mühelos verhandeln. Liebe ist ein Kompromiss zwischen Mann und Frau und umfasst als soziales Tauschgeschäft das gesamte Repertoire jener psychologischen Spezialisierungen, die in der Evolution für kooperatives Verhalten entwickelt wurden. Zu dieser Basissolidarität gehören: das Zueinanderstehen auch in schlimmsten Zeiten, die wohl bedeutendste Eigenschaft enger Beziehungen, das Vertrauen, ebenso die Verlässlichkeit und der Wunsch nach Familiarität, sei es als Wiederholung oder als realisierte Sehnsucht.

Liebe ist das Symptom der umfassenden Gruppe

Ist die Auffassung so weit, das Unbewusste mit einzubeziehen und neun Zehntel der Liebe außerhalb des Bewusstseins zu lokalisieren, akzeptiert man also das unbewusste Zusammenspiel, die Kollusion, dann sieht man nicht nur die beiden Partner als Dipol im Magnetfeld, sondern dieses Gespann wiederum in einem Geflecht aller gewesenen und aller aktuellen Beziehungen, also in den Matrices der Lebensgruppen.

Zunächst ist festzuhalten, dass das Paar die gesellschaftlichen Verhältnisse nicht individualisiert. Norbert Elias wandte sich mit dieser schönen Wendung gegen die Sozialisierung der Einzelnen. Vielmehr ist der dynamische Gehalt anders: die beiden Partner – muss man genauer sagen – dualisieren die Bedingungen, in denen sie leben. Dann kommt jedoch der Einfluss der Matrices hinzu, in denen die Gesellschaftsverhältnisse rezipiert und seelisch verarbeitet weitergegeben werden.

Ja, die Dynamik reicht viel tiefer: Man kommt nicht umhin, die Liebe von zweien als ein Symptom der sie umfassenden Gruppe anzusehen – genau so wie jedes Phänomen in einer

Gruppenanalyse dem aktuellen unbewussten Thema entspringt. Jede Liebe ist multipersonalen Ursprungs, sosehr ihre Intimität uns den Blick dafür verschleiert, und strebt vielleicht daher auch wieder zur Gruppe zurück. Diese Matrix aller meiner Matrices ist der Kern des Liebe bewirkenden Bedingungsgefüges zur Zeit des zündenden Funkens.

Die Liebe ist weiblich, und die Liebe ist männlich

Frauen haben hier Männern gegenüber eine deutlich höhere erotische Sensibilität, und manchmal scheint es, als wüssten nur sie, wie eine intensivere Zärtlichkeit in eine leidenschaftliche Sinnlichkeit übergeht. Das weist auf einen Unterschied zwischen weiblicher und männlicher Erotik hin, die selbstverständlich mit der Urarbeitsteilung verknüpft ist: Die Frau trägt bis heute die Hauptsorge für die kleinen Kinder, während der Mann die Existenz zu sichern sucht.

In der männlichen Wirklichkeit und Liebe ist daher ein stärkerer Anteil Aggressivität – sprich vor allem, aber nicht nur Verteidigung – enthalten.

Da die Liebe aber phylogenetisch und ontogenetisch sich aus der Betreuung der Sprösslinge ableitet, kommt noch ein gewaltiger weiterer Unterschied auf, ein Vorsprung der Frau auf Grund ihres Mutterseins. Als Zeus und Hera sich stritten, wer die Liebe intensiver erlebe, der Mann oder die Frau, und den späteren Seher Teiresias um Rat fragten, der beide Geschlechter gelebt hatte, antwortete er: «Nur den einen von zehn Teilen genießt der Mann, die zehn erfüllt die Frau, sich ihrer Seele freuend.»

Liebe ist der lebendige Kompromiss
von Konflikten

Liebe gründet auf einer komplexen Konfliktstruktur. Sie ist deren lebendiger Kompromiss. Das bedeutet: Sie ist eine *Win-win*-Situation, in der beide Seiten gewinnen, wie das Gefühl es schon mitteilt. Konfliktlose Liebe ist eine Illusion – bis auf eine bedeutende Ausnahme: Die intrauterine Basis jeder Liebe dürfte in der Regel diese problemlosen Züge tragen.

Viele sehen heute in der Differenz zwischen den Geschlechtern, die ja nun auch ohne Zweifel und im erheblichen Maße gegeben sind, den Konfliktherd. Sexualität erscheint dann wie ein «ewiger Kompromiss zwischen Mann und Frau». Das erfordert einen Dauerdialog, da die weiblichen und männlichen Ziele voneinander stark abweichen.

In meinen Augen ist jedoch eine viel dramatischere Unterschiedlichkeit durch die Lebensgeschichten zweier Liebender gegeben. Sie bewirken durch die differente Dynamik der Herkunftsfamilien eine Art Kulturschock, der im Grunde nur durch mühsame Übersetzungsarbeit behoben werden könnte.

Doch auch unabhängig davon gründet das Beziehungsglück auf der Fähigkeit, Konflikte zu erstellen und gemeinsam zu lösen. Die Liebe ist die schönste Art des Paarlebens. Das Paarleben aber ist ein Problem produzierendes Verfahren.

«Und Adam erkannte sein Weib Eva»

Liebe ist eng verbunden mit dem Erkenntnisvermögen, weshalb sie nicht blind, sondern sehend macht. «Der Trieb an sich ist keine Gestalt..., er ist Anforderung zur Gestaltung», sagt der Sexualwissenschaftler Martin Dannecker. Die Liebe mobilisiert alle Kräfte und allein deswegen die Schärfe des Verstandes wie die Einsichtsfähigkeit, auf der die Weisheit gründet. Das Wachküssen – im Märchen beispielsweise von Dornröschen – spiegelt diese Seite des Sich-seiner-Bewusstwerdens wider, vor allem, weil die ganze gegenwärtige Wirklichkeit – im Märchen der gesamte Hofstaat – erwacht.

Das Zusammenspiel von verstehender Verschmelzung mit dem anderen und radikaler Distanzierung, das weiter unten für die Liebe als charakteristisch dargestellt wird, gilt nicht nur für die Kunst, sondern ist ebenso die Grundlage für das Erkennen. Und dieses nicht nur im klassischen Sinne der Sublimierung, sondern im Sinne einer tieferen Identität von Lieben und Verstehen.

Sigmund Freud sah die Sexualerforschung als Motor aller Wissensneugier. Erotik und Erkenntnis gehen hier zusammen. Goethes Wort:«Überall lernt man nur von dem, den man liebt» (zu Eckermann am 12.5.1825) könnte der Hauptsatz des pädagogischen Eros sein; denn auch der Lehrende hat eine erotisch zugewandte Bindung an seine Schüler. Am eindeutigsten hat wohl Platon in seinem «Gastmahl» und in der Gestalt des Sokrates den Zusammenhang, wenn nicht die Identität, von Eros und Erkennen aufgezeigt. Denn kein Erkennen ist möglich, wenn ich mich nicht zuvor an das binde, was ich erkennen möchte. Und genau das bewirkt im weitesten Sinne die Sexualität. Nach Sigmund Freud ist es das Ziel des Eros, immer größere Einheiten herzustellen und zu erhalten, also Bindung.

Es gibt sogar Versuche, die sexuellen Entwicklungsphasen unmittelbar mit den unterschiedlichen Erkenntnisformen des Menschen zu parallelisieren.

Liebe kennzeichnet Gegenwart, Unmittelbarkeit und Offenheit

Die Liebe öffnet uns das Herz für den anderen. Die Zunge löst sich. Das wissen alle Liebenden. Dieses fundamentale Opening-up ist hauptsächlich verantwortlich für die als charakteristisch angesehene Wirkung der Liebe: die Vereinigung.

Diese Offenheit geht aber in ihrer Intensität noch weiter: Sie strebt Gleichzeitigkeit der beiden Gegenwarten an, also Unmittelbarkeit. Jede Liebe ist durchdrungen von diesem Wunsch – als könne andernfalls der Verlust zu groß werden. Sartre und Beauvoir haben in ihren Briefen und Tagebüchern dieses Grunderlebnis der Liebe vielfach formuliert:

Sarte an Beauvoir (sie siezten sich über ihre mehr als fünfzig Jahre dauernde freie Liebesbeziehung hin, M.L.M.): «Bei allem, was mir widerfährt, denke ich sofort daran, es Ihnen zu erzählen. Wir sind eins.» – «Ihre täglichen und mehrseitigen Briefe dienen dieser gegenseitigen Teilhabe am ‹unmittelbaren Leben› (Sartre) des anderen.»

Bindung an einen und an alle:
Konflikt zwischen Ausschließlichkeit und Aufbruch

Wirkliche Liebe will nur den einen und Einzigen, niemanden sonst. Das ist die Ausschließlichkeit der Liebe. Sie gründet in der exklusiven Mutterbeziehung. Wir haben in der Regel nur eine Mutter, es gibt keine zweite.

Wirkliche Liebe öffnet aber im selben Moment auch für andere. Nach Michael Balint gilt das besonders für eine entwickelte, reife Liebe. Die Kindheit lässt sich als ein Hineinwachsen in die immer komplexere Gruppe verstehen. Das heißt: Immer mehr Menschen werden attraktiv für mich. Die Liebe hat in ihrem Entwicklungsauftrag spannungsreich für beides zu sorgen: für die fundamentale Geborgenheit wie für die welterobernde Abenteuerlust.

Walter van Rossum fasst Beauvoirs Empfinden zusammen als ihr «hundertfach bekundetes Vertrauen, dass ihr, solange Sartre – wo auch immer – auf der Welt sei, nichts geschehen könne». Sartre, wie schon zitiert, an Beauvoir: «Sie erlauben mir, jede Zukunft und jedes Leben ins Auge zu fassen.»

Die Liebesbeziehung der beiden, schreibt Rossum, bedeutet

«die wechselseitig größte Herausforderung und den größten gegenseitigen Schutz».

Die Liebe trägt also das simultane, konflikthafte Streben nach Intimität und Autonomie, nach Abhängigkeit und Unabhängigkeit in sich.

Wir vergessen im Übrigen gern, dass unsere Kindheit durchwoben ist mit parallelen Lieben: wenigstens der Liebe zur Mutter und der Liebe zum Vater. Unsere Ermittlungen ergaben für jeden Menschen 10,8 Bindungspersonen; es tragen also in einer üblichen Kindheit fast elf parallele liebesnahe Beziehungen zu seiner Lebendigkeit bei.

Ich erwähnte auch schon die durchschnittlich fünf sinnlichen Träume pro Nacht. Die dort auftretenden Partnerinnen oder Partner dürften nur gelegentlich die angestammten sein. So gibt es parallele Lieben in Hülle und Fülle. Das ist die seelische Realität. Sie einzudämmen bemühen sich die Konventionen.

Allerdings eröffnet diese intrapsychische Liebesmatrix auch einen bedeutenden Blick auf Liebesverhältnisse. Die Traumfiguren lassen sich nämlich als Aspekte des Partners (und auch des eigenen Selbst) verstehen. Sie treten in jener anderen Gestalt auf, die diesen Aspekt besonders deutlich sichtbar machen kann. So ist Julia ein Aspekt der Partnerin Christine oder Hans ein Aspekt des Partners Wolf. Das ist nun nicht nur intrapsychisch in den Träumen so, sondern auch in der so genannten äußeren Tagesrealität. Betrachtet man diese Lage lange genug, wird einem klar, dass die wesentlichen Verbindungen unter Menschen nicht durch die beteiligten Personen stattfinden, sondern durch die besonderen seelischen Vorgänge, die durch sie hindurchgehen wie magnetische Feldlinien. In der Tat: Das entspricht der gruppenanalytischen Grundauffassung im Konzept von S. H. Foulkes: Nicht Personen interagieren in der Gruppe, sondern psychische Prozesse. Die Person des geliebten Menschen hat zu den Vorgängen, die mir viel bedeuten, nur eine besondere Affinität.

Die Liebe ist das gegenwärtige Ergebnis eines lebenslangen Lernprozesses

Die bereits erwähnte vielfältigste (multidimensionale), einsichtsreichste und umfassendste – nämlich Gefühl und Rationalität enthaltende – Form des Lernens bemerken wir selten: Es ist unser Erleben. Jede Liebe gewinnt von allen vorangegangenen Lieben das Erbe der ständig wachsenden Erfahrungen. Wie gesagt: Wir müssen den «Verflossenen» insoweit dankbar sein, statt mit ihnen zu rivalisieren. Eine Liebe, wie wir sie zurzeit erleben, setzt sich aus tausend – vor allem auch unbewussten Erfahrungen – zusammen. Allein die Liebeslandkarten, nach denen wir unsere Partner wählen, als handelten wir gänzlich gegenwärtig und autonom statt abhängig von unserem inneren Navigator, genügen als Gleichnis für jede erotische Zutat.

Liebe erschafft die größten Werke

Liebe zeugt nicht nur Kinder, sondern auch große Werke. Viele verzichten heute auf die Elternschaft und sind dennoch auf andere Weise am Überleben der Gemeinschaft schöpferisch beteiligt. Wenn man die biologischen Wurzeln der Liebe betrachtet, findet man in den Werbegaben der Balz vielleicht das Fundament dieser Werke.

Rilke schrieb nach langem Schweigen wieder große Gedichtzyklen, als er mit Lou Andreas-Salomé zusammenkam. Vielleicht gibt es kein großes Werk ohne den Hintergrund der Liebe. Im nächsten Abschnitt bietet Sartres Text «Was ist Literatur?» dafür ein lebendiges Beispiel.

Liebe erschafft unsere Realität

Dass die Wirklichkeit bei Beginn der Liebe grundlegend anders wird und doch wie eine uralte Erfüllung erscheint, wissen alle. Liebe ist der Beginn eines neuen Zeitalters und damit der radikale Abschied von der Vergangenheit. Nichts ist mehr so wie vorher.

«Meine Welt war wie verwandelt. Sie hatte einen neuen Mittelpunkt, und dieser Mittelpunkt war Marilyn.»

Jeder Mensch ist ein unermessliches Territorium – auf dem er sein ‹Ich› selbst absteckt. Wenn Sartre sich in seinen Tagebüchern zu ergründen und neu zu begründen versucht..., dann nimmt er auf seine Reise den Blick jener privilegierten Leserin mit, der die Tagebücher gewidmet sind: Castor (so nannte Sartre stets Simone de Beauvoir; MLM). Die also in gewisser Weise zur Mitverfasserin wird.»

Persönlichkeitsstruktur und Wirklichkeitsstruktur eines Menschen sind die beiden Seiten derselben Medaille. Wer sein «Ich» neu markiert – soweit dies möglich ist –, verändert zugleich seine Realität. In einer intensiveren Liebe sehen wir genauer als in einem matteren Zweierverhältnis, wie sehr diese Erschaffung der Welt wechselseitig erfolgt – selbst wenn nur einer sich äußerte. Der Blick, die Wahrnehmung des Geliebten ist tief in mir mobilisiert und lebendig – «Sie sind ich», wie Sartre sagte. Novalis spricht von «Wechselreizung». Die Wirklichkeit entsteht in Ko-Autorenschaft. Wir *dualisieren* die Welt.

Die Gewissheit beschränkt sich nicht auf die beiden allein. Diese zwischen zweien sich erzeugende Realität wirkt in den gesellschaftlichen Raum hinein – und wenn auch nicht in diesen intellektuellen Höhen, so doch immer und von jeder Zweierbeziehung ausgehend, die sich etwas bedeutet.

«Übrigens wird Sartre später seine berühmt-berüchtigte These von der ‹engagierten Literatur› in ‹Was ist Literatur?› (1947) nach diesem Modell gestalten, denn die ‹engagierte Literatur› ist nichts anderes als der Pakt von Autor und Leser, die gemeinsam erst den literarischen Text zum Sprechen bringen und darauf eine Welt errichten. So entsteht auch im Text zwischen den beiden Liebenden ihre Welt.»

Der Zusammenhang zwischen Liebe und Realität geht aber noch sehr viel tiefer. In dem Essay «Zwei Personen – eine Sekte» habe ich ausgeführt, dass wir in einer Art absoluter Bindung an einen Set von Glaubenssätzen unsere Realität erschaffen – ganz so, wie es Sektenmitglieder oder Gläubige tun – und dass sehr schwer entschieden werden kann, welche Wirklichkeit wirklicher ist. Meist regeln das die Machtverhältnisse.

Wesentlicher aber ist es, dass diese Art Bindung auf einer sehr tief gehenden sexuell-erotischen Beziehungsform beruht, die einer Hypnose gleichend üblicherweise mit Hörigkeit verwechselt und denunziert wird. Bei Frauen wie Männern entsprechen die verborgenen erotischen Fantasien dieser letzten Hingabe, die bei einer ichstarken Person wie Simone de Beauvoir zur Vorstellung des Freitodes führte, falls Sartre etwas zustoßen sollte. Die menschliche Art ist durch Hypersexualisierung gekennzeichnet. Es wundert nicht, dass Hypersexualisierung auch unsere Realität trägt. Heute allerdings würde ich ihre Legierung mit der Bindung stärker betonen, weil sie für Menschen wohl noch kennzeichnender sein dürfte.

Liebe beruht wie die Kunst auf der Fähigkeit zur Distanznähe

Der Glaube an die große Liebe nimmt ab. Die Parallelität zur Abwendung von der Religion ist unverkennbar. Das Hauptmoment liegt meines Erachtens darin, dass es an der bedeutendsten Voraussetzung mangelt: an der Fähigkeit, sich auf sich selbst einzulassen. Das Selbst ist unwirtlich geworden. Im Zeitalter der narzisstischen Beeinträchtigungen wird vor allem die Selbstbeziehung brüchig. Viele haben kein Interesse, einen Blick in das eigene Innere zu tun.

Die Kunst zu lieben aber beruht wie die allgemeine Kunst auf einer eigenartigen doppelten, polaren Fähigkeit:

- einerseits sich wirklich auf sich und den anderen einzulassen, ja mit ihm phasenweise zu verschmelzen – wie der Künstler mit seinem Objekt, um es in der ganzen Tiefe und allen Einzelheiten zu erfassen –;
- andererseits mit ebensolcher Intensität sich geradezu unendlich von dem anderen zu distanzieren, sich als sein Gegenüber und ihn als mein Gegenüber zu sehen, um die Liebe als ein Ganzes zu begreifen, sie gestalten und entwickeln zu können – wie es auch einem Künstler nur gelingt, ein Kunstwerk zu schaffen, wenn er zu einer solchen Urdistanz fähig ist.

Beide Fähigkeiten existieren nun nicht im Nacheinander, sondern in Gleichzeitigkeit. Diese Fähigkeit zur Distanznähe macht für mich den seelischen Kern der Liebe aus.

Lieben und Geliebtwerden machen gesund und verlängern das Leben

«Wahrscheinlich ist Schönheit», sagt Robert Musil, «nichts anderes als Geliebtwordensein.» Schönheit aber, enthüllt die Evolutionsbiologie des Menschen, ist für uns vor allem ein Zeichen von Gesundheit. Kinder, die geliebt wurden, haben eine andere Ausstrahlung als ungeliebte. Das beeinflusst das ganze Leben. James Lynch konnte nachweisen, dass das Erleben von Beziehung einen dramatischen Effekt auf die Gesundheit hat. Er nannte das «die menschliche Wirkung». Krankheiten reduzieren sich auf die Hälfte für Menschen, die in Beziehungen leben. Geliebtwerden dürfte lebensverlängernde Folgen haben. Scheidungskinder haben eine kürzere Lebenserwartung.

Aber auch derjenige, der liebt und sich anderen zuwendet, stärkt seine Gesundheit – auf psychoneuroimmunologischem

Wege durch Stabilisierung der Immunabwehr. Bei eichhörnchenähnlichen Baumtieren, den Tupajas, führt eine glückliche Einehe zur Verlängerung der Lebenszeit – verglichen mit unglücklichen Partnern um das Doppelte: zwölf statt sechs Jahre. Bei Menschen dürfte es komplexer sein, aber ähnlich.

Die multipersonale Entstehung der Liebe aus der Lebensmatrix

Der folgende Text beschreibt die Entstehung der Liebe zunächst von einer therapeutischen Gruppe aus. Denn so ist der Ursprung der Liebe überblickbar auszumachen. Dann folgt der Blick auf unser Lebensfeld, für das dieselben Gesetze gelten.

Die Liebe ist ein Zeichen der Matrix

Sehen wir die Äußerung eines Teilnehmers als Signal oder Illustration des gemeinsamen Gruppenunbewussten, des Beziehungsgeflechts, der Matrix (nach dem Foulkesschen Konzept), dann gewinnen wir auch für die Liebe eine bemerkenswerte Perspektive: Die Liebe, die wir so intim, so individuell, so ganz persönlich, so geborgen in unserem Innersten, so ganz auf uns beide bezogen erleben, entpuppt sich als ein multipersonales Phänomen. Sie entsteht in der Gruppe aus einer Schicht der Matrix, die man das *Liebesfeld* nennen könnte, wenn man bereit ist, dieses Feld nicht als ein abgegrenztes Séparée aufzufassen, sondern als dynamischen Bereich, der mit allen anderen Gebieten ununterbrochen wechselwirkt – etwa mit Angstfeldern oder Idealfeldern.

Entflammt in der Gruppe ein Mitglied erotisch für ein anderes, dann wird jeder Gruppenanalytiker genau wie bei irgendeinem anderen seelischen Empfinden – sagen wir bei dem Gefühl großer Geborgenheit oder intensiven Misstrauens – diesen seelischen Vorgang aus der gesamten Matrix und ihrem Prozess, ihrer Bewegung, ableiten müssen. So gesehen, ist die Liebe ganz unzweifelhaft das Signal eines Beziehungsgeflechtes zwischen mehreren Menschen. Das manifeste Paar ist sozusagen Symptomträger. Es bietet sich auf dem Hintergrund seiner beiden kombinierten Lebensgeschichten ebenso dazu an wie andere Gruppenmitglieder etwa für orale, gewalttätige oder depressive Strömungen.

Ich würde allerdings lieber etwas präziser sagen: Das Paar wird von der in der ganzen Gruppe entwickelten erotischen Strömung deswegen ergriffen, weil es sich auf Grund seiner Beziehungsstruktur besonders dazu eignet, diese Liebe zu äußern, zu inszenieren oder zu reinszenieren und zu entfalten.

Das multipersonale Liebesfeld

Ist diese Perspektive schon weitgehend, ja für viele ein Schock, weil ihr intimstes privates Empfinden sich als so überpersönlich, so transpersonal, so plural entpuppt, so ist diese im Grunde selbstverständliche und doch so ungewohnte gruppenanalytische Deutung nicht weitgehend genug.

Warum nicht? Weil wir ja weniger in dieser analytischen Gruppe unser Dasein verbringen, als vielmehr in zahlreichen anderen Gruppen unseres Alltags. Unser übliches Leben ist ein Dasein und Bewegtwerden in vielfältigen Gruppen: der Familie, der Herkunft, des Arbeitsplatzes, der Freunde, der Nachbarn, der Vereine und vielen mehr. Und es steht für mich außer Zweifel, dass die Erotik im freien Lebensfeld den gleichen Matrixgesetzen folgt. Die Liebe ist nicht nur in der therapeutischen Gruppe multipersonal, sie ist es überhaupt – und zwar haargenau so, wie es nach den Ausführungen von Foulkes auch der menschliche Geist *(mind)* ist.

Das ist die erste zentrale Botschaft. Wir hören so wenig von ihr, von der Liebe als Gruppenvorgang, weil ihr ein enormer Widerstand entgegensteht. Das Wahrnehmen der Matrix, also der Pluralität unserer inneren und äußeren Existenz, verletzt unser Autonomieempfinden, macht unsere allseitige Abhängigkeit deutlich und bindet uns in die Verantwortung für soziale Vorgänge, aus denen wir uns heraushalten möchten.

Schichtenaufbau der Liebesmatrix

Goethe sagte: «Wär' nicht das Auge sonnenhaft, Die Sonne könnt' es nie erblicken» («Zahme Xenien», 3. Buch). Diese Übereinstimmung unserer Organe mit dem Umfeld, ja die Bedeutung unserer Sinne und Glieder als Abbildung des Milieus ist als Biogramm herausgearbeitet worden. Diese durchgängige Wechselseitigkeit, das Entstehen der Lebensformen aus allseitiger Interdependenz und Interaktion ist für mich das große evolutionäre Fundament der Matrix.

Der Schichtenaufbau der Matrix ist für die Liebe eben wegen ihres multipersonalen Ursprungs von zentraler Bedeutung:

Die Grundlage der Liebe ist biologisch vorgegeben und entspricht der *foundation matrix*, der Grundlagenmatrix. Die genetischen «Bindungstriebe» (Eibl-Eibesfeldt) – individualisierte Brutpflege, Schutzsuche, Kampfbereitschaft und Hypersexualisierung des Menschen – erwähnte ich bereits. Für die Bindungstheoretiker ist zum Beispiel das Beziehungsbedürfnis des Menschen genetisch bedeutender als das sexuelle Verlangen. Instinktreste gehen bis in Details der Anatomie der Liebe. Ich nenne nur zwei so genannte Universalien, die für ein biologisches Fundament sprechen: das erwähnte Flirtverhalten – in allen Kulturen bestehend aus Zuwendung mit folgender Abwendung – und die Attraktivität der weiblichen Silhouette, die bei einem Verhältnis von 1 : 0,67 zwischen Hüft- und Taillenumfang – wenn also die Taille um ein Drittel schlanker ist als die Hüften – ihren stärksten Reiz auf Männer in aller Welt ausübt. Nach Freud gehörten auch die Urphantasien dazu – um Ursprünge kreisend wie intrauterines Leben, Geburt, Urszene, Verführung, Kastration.

Darüber gelagert, teilweise kongruent, teilweise konflikthaft, liegt die kulturelle Schicht der Liebe. Liebe ist durch und durch gesellschaftlich geprägt – viel mehr, als wir gemeinhin annehmen. Selbst die Geschlechterrollen, die biologisch so fest gefügt scheinen, können kulturell umgekehrt werden – wie bei den Arapesh.

Aber nicht nur dort, wie die erwähnten Paargruppenforschungen zeigen. Entwicklung und Formen der Liebe werden präzise und uns weitgehend unbewusst gesellschaftlich festgelegt: Beispielsweise sind die von uns als höchst intim und individuell erlebten Liebesschritte zu Beginn der Pubertät – der erste Kuss, das erste Petting, der erste Geschlechtsverkehr – in Studien zur Jugendsexualität von stereotyper Uniformität. Ja, die Liebe selbst, wie wir sie heute auffassen, ist ein Produkt der industriellen Revolution.

Nur die oberste Schicht, die zu etwa neun Zehntel ebenfalls unbewusst ist, ist die einzigartige, individuelle Liebesformation. In ihr bündelt sich unser gesamtes Vorleben einschließlich der intrauterinen Zeit, deren ozeanisches Gefühl zum Glücksempfinden jeder Liebe gehört. Zu wenig wird dabei übrigens differenziert zwischen der Liebesschicht des Seins und der Liebe als Handeln.

Liebesentstehung:
Die entscheidende Fulguration

Auf diesem Hintergrund zündet zwischen zwei Menschen der Funke der Liebe. Bevor sie ihrer ansichtig wurden, waren schon die erwähnten, mächtigen Vorstrukturen ihrer Bindung gegeben, grob gesprochen: sechs Wurzeln, drei von der Frau, drei vom Mann: nämlich die Beziehung zur Mutter, die Beziehung zum Vater und – was auch die meisten Experten nicht im Blickfeld haben – die Beziehung, die wir als Kinder zur Beziehung unserer Eltern, zu ihrer Paarbeziehung, gewonnen haben. Denn die Qualität der elterlichen Partnerschaft wird von uns als Ganzes verinnerlicht und ist ein Grundmuster für unsere eigenen Partnerschaften, ein vernachlässigter Aspekt der Bindungsrepräsentanzen.

Hinzu kommt dann selbstverständlich die Liebeslebensgeschichte, das heißt die Erfahrungen und der damit verbundene Lernprozess unserer Liebesbeziehungen im bisherigen Leben. Dazu gehören unsere inneren Liebeslandkarten, die *love maps,* die zwischen dem vierten und achten Lebensjahr ausgestaltet werden.

Ich definiere die Beziehung zweier Menschen als die «Kombination zweier Lebensgeschichten» mit den Lustbereitschaften, Angstbereitschaften, Abwehrbereitschaften, Entwicklungsbereitschaften auf beiden Seiten. So ist jede Beziehung in ihrer Komplexität einzigartig.

Die stärkste Faszination, die zwei Menschen in der Liebe miteinander verbindet, stammt aus einer doppelten Verbundenheit. Ich nenne sie den «Großen Attraktor». Er wird durch das Gefühl bestimmt, dass ich mit diesem Partner einerseits meine traumatischen Erlebnisse reinszenieren kann, dass ich andererseits aber auch eine weitgehende Sicherheit empfinde, mich mit ihm gemeinsam aus der latent belastenden Lage herauszuentwickeln. Die traumatische Erfahrung – meist eine Trennungserfahrung – bildet also immer gepaart mit einem entscheidenden salutogenen Moment die Kernachse der Bindung.

Liebe als Zeichen der Zweiermatrix

Die kurze Skizze bewegt sich allerdings auf vertrautem Gebiet. Sie geht wieder von den beiden Individuen aus und zeichnet die Liebe als die gewohnte Intimität zu zweit. Wir aber hatten sie ja schon als transpersonales Geschehen im Auge. Wie können wir diese Perspektive wiedergewinnen?

Zum einen kann man das Paar als kleinste Gruppe betrachten – wiewohl das dritte Element zunächst noch zu fehlen scheint – und die verbreitete Illusion über die Partnerschaft korrigieren, es handle sich nämlich bei ihr um eine seelische Entität Frau und eine seelische Entität Mann, die in Wechselwirkung stünden. Das ist der bewusste, wenn nicht kognitive Blick auf das Paarleben. Er geht davon aus, dass zwei Selbste die Beziehung erschaffen. Ich akzentuiere demgegenüber, dass die Beziehung die beiden Selbste erschafft. Diese Beziehungsselbste oder Interaktionsselbste entstehen stets paarweise mittels wechselseitiger Aktualisierung jener zahllosen inneren seelischen Bereitschaften, über die ein Mensch auf Grund seiner Lebensgeschichte verfügt.

Hypnoseversuche allerdings zeigen, dass wir im Bewusstsein nur etwa ein Zehntel von dem erfassen, was wir wahrnehmen, die unbewusste Wahrnehmung empfängt etwa das Zehnfache. Das heißt: In meditativer Ausgewogenheit nehmen wir von unserer zentralen Liebesbeziehung nur ein Zehntel wahr, die unbewusste Beziehung ist zehnmal umfangreicher, und eben deshalb sagt die Psychoanalyse: «Unbewusstes erkennt Unbewusstes irrtumslos.»

Wir zeigen uns dieser Erkenntnis nicht besonders gewachsen. Für das Paar heißt das: Die blitzschnellen unbewussten seelischen Oszillationen haben so gut wie alles ausgetauscht, bevor es uns bewusst wird. Die Liebe auf den ersten Blick ist ein bekanntes Beispiel dafür.

Das bessere Arbeitsmodell für das Paarleben wäre also das Bild eines von beiden Unbewussten gemeinsam geschaffenen

Magnetfeldes, in dem die beiden Partner den Dipol bilden. Die Kraftlinien des Feldes stellen seelische Vorgänge dar. Und diese sind es, die in Wechselwirkung stehen, genau wie Foulkes sagt: In einer Gruppe interagieren nicht Personen, sondern seelische Vorgänge, Scham, Freude, Angst, Neid, Liebe... Auch dieses Arbeitsmodell ist noch entwicklungsbedürftig, weil jeder die ganze Beziehung einschließlich der psychischen Struktur des anderen seelisch in sich trägt, sonst wäre eine Verbundenheit gar nicht möglich. Das ist die holografische Dimension, die auch entscheidende Bedeutung für die Theorie der Gruppenanalyse hat.

Zweiermatrix als Ausschnitt der Gruppenmatrix

Wie aber ist diese Zweiermatrix mit den anderen Matrices unseres Lebens – und in unserer Fragestellung mit der Gruppenmatrix – verbunden? Das wäre der nächste Schritt: Die Zweiermatrix der Liebe ist wohl am besten aufzufassen als ein Ausschnitt einer umfassenderen Matrix, in der dieselben Vorgänge wechselwirken, als ein Zeichen, ein Signal, ein Symptom des Gruppengeschehens. Eine in der Gruppe entstehende Liebesbeziehung ist somit ein Ereignis, das nicht nur die beiden angeht, sondern sich aus der multipersonalen Dynamik der Gruppe ergibt. Das wird innerhalb der therapeutischen Gruppe nicht anders sein als im gelebten Leben – nur dass wir dort keine so gut überblickbaren Verhältnisse vorfinden.

Wie man also die Einzelpsychoanalyse auch als eine Gruppenanalyse mit einer Person (oder als eine Familientherapie mit einer Person) betrachten kann, wenn der Analytiker die dafür notwendigen Perspektiven mitbringt, so ist eine Liebesbeziehung – soweit ich sehe, jede Liebesbeziehung – ebenfalls nur ein Teil eines Ganzen, allerdings, meine ich, ein Teil, der sozusagen holografisch das Ganze in sich trägt.

Mehrgenerationenperspektive
der Liebe

«Wir lassen vor allem das Schuldbewußtsein
wegen einer Tat über viele Jahrtausende fortleben
und in Generationen wirksam bleiben,
welche von dieser Tat
nichts wissen konnten.»
SIGMUND FREUD

Neben der Keimbahn des Menschen, in denen über alle Generationen hinweg die genetische Information weitergegeben
wird, gibt es eine seelische Entsprechung: die Strukturbahn.
Damit ist die frühkindliche prägungsähnliche Imitation und
Identifikation gemeint, die nach den Erfahrungen der Psychoanalyse bis zum sechsten Lebensjahr die Fundamente unserer
seelischen Struktur legt. Diese über Generationen gehende
psychogenetische Weitergabe grundlegender seelischer Vorgänge – wie Bindungsverhalten, Urvertrauen, Autonomie, Initiative oder ihr Misslingen in Bindungsunsicherheit, Urmiss-
trauen, Minderwertigkeit und Hemmung – wird oft vergessen
oder der inzwischen wieder so beliebten Erbgenetik zuge-
schrieben. Diese aber braucht man nicht zu bemühen, wenn
man sich über die Kraft und Eindeutigkeit der identifikatori-
schen Prozesse im Klaren ist.

Für die Alltagspraxis mit Kindern ist hilfreich: Kinder identifizieren sich mit der ganzen Person. Erziehungsregeln gehen
aber nur vom Bewusstsein aus, mithin von einem Zehntel dessen, was eine Beziehung ausmacht. Die ganze Person erfasst
aber auch das elterliche Unbewusste. So erfreut oder erschreckt
uns an Kindern, was unbewusst in uns liegt. Die beste Erzie-
hungsmethode ist daher die Selbstveränderung des Elternpaa-
res.

Kinder identifizieren sich mit Mutter und Vater. Die Mutter
ist dabei einflussreicher, sofern sie mehr und intensivere Zeit
mit dem Kind verbringt. Unterschiedlichkeit von Mutter und

Vater ist den Kindern von Anbeginn geläufig: «Unbewusstes erkennt Unbewusstes irrtumslos». Eltern brauchen sich deswegen in Sachen Erziehungsmethodik nicht auf einen gemeinsamen Nenner zu einigen. Die Kinder bekommen die tieferen Einstellungen ihrer Eltern «durch die Poren», das heißt auf dem Wege unbewusster Kommunikation mit.

Und so wird haargenau auch die elterliche Paarbeziehung durch Identifikation übernommen. Sie wird die mächtige Folie, die später die eigene Paarbeziehung prägt.

Somit kommt es auch zu einer Identifikation mit dem elterlichen Unbewussten, zu einer «Black-box-Identifikation». Darin sind Ängste, Einstellungen, Motive enthalten, die nie bewusst zu werden brauchen und auch in den Kindern zeitlebens ein bewusstloses Leben führen. Vielleicht macht dieser Anteil sogar den größten Teil unseres Seelenlebens aus.

Mit diesen vier Momenten ausgestattet, können wir nun die Strukturbahn der Liebe klarer verfolgen. Unsere eigene Liebe ist, so gesehen, völlig abhängig von der Struktur der Liebesbeziehung unserer Eltern. Denn wir haben jeder und jede die elterlichen Empfindungen, Bindungsweisen, Abwehrmethoden, Vorstellungen und damit, wie gesagt, auch ihre Paarbeziehungsform identifikatorisch unter Einschluss des riesigen Unbewussten irrtumslos übernommen. Unsere Liebe ist also ihrer Grundstruktur nach – ob wir es wollen oder nicht – von der einstigen elterlichen Liebe vorgezeichnet.

Für ein Paar ergibt sich der Zustrom von beiden Elternseiten: Zwei Liebesbeziehungen prägen unsere. Den Eltern erging es ebenso. Schließen wir die Großeltern mit ein, entsteht unsere Liebe in der Mehrgenerationenperspektive aus vier weiteren vorangegangenen Liebesbeziehungen, insgesamt also aus sechs. Wie weit können wir zurückgehen? Meines Erachtens sehr weit. In der Gruppendynamik ermittelten Forschungen, dass die Normen, die sich in einer Gruppe entwickelt haben, bis in die elfte Gruppengeneration (eine Generation umfasst den Austausch aller Mitglieder) bestehen bleiben. Die Bibel sieht

Pyramide unserer hundertjährigen Liebe

Nur vier Generationen zu 25 Jahren

umfassen 30 Liebesbeziehungen, die unsere Liebe prägen

1
Du – unsere Liebesbeziehung – Ich

2 **3**
Mutter-Liebesbeziehung-Vater • Mutter-Liebesbeziehung-Vater

4 **5** **6** **7**
GrM-Liebe-GrV • GrM-Liebe-GrV • GrM-Liebe-GrV • GrM-Liebe-GrV

8 **9** **10** **11** **12** **13** **14** **15**
UrgrM -Liebe- UrgrV • UrgrM -Liebe- UrgrV • UrgrM -Liebe- UrgrV • UrgrM -Liebe- UrgrV • UrgrM -Liebe- UrgrV • UrgrM -Liebe- UrgrV • UrgrM -Liebe- UrgrV • UrgrM -Liebe- UrgrV

16 17 18 19 20 21 22 23 24 25 26 27 28 29 30 31

Der berühmte, harmlos wirkende Lohn, den sich ein Mann vom König für seine große Tat erbitten durfte, nämlich ein Reiskorn auf dem ersten der 64 Quadrate des Schachbretts und das Doppelte auf dem jeweils nächsten, hätte große Provinzen mit Reis bedecken können. Mit der Liebesprägung verhält es sich ebenso.

«der Väter Missetat» von Gott heimgesucht «an den Kindern bis in das dritte und vierte Glied» (1.Mose 20,5). Ich bin sicher, dass Restbestände ganz ursprünglicher Einstellungen von vor Jahrtausenden bis heute weiterwirken. Der Homo sapiens sapiens, ich erinnere daran, hat bis zur Selbstbewusstseinsexplosion vor 40 000 Jahren zurückgehend nur 1600 Generationen gelebt.

Kurz: Meine Liebesbeziehung ist durch eine kaum übersehbare Pyramide von Liebesbeziehungen der Ahnen und Vorfahren mitgeprägt. Die einzige bedeutende Variation liegt in der neuen Kombination zweier Liebender.

Einige Bemerkungen zur Pyramide unserer hundertjährigen Liebe:

- In jeder Generation weiter zurück kommen doppelt so viele Liebesbeziehungen hinzu.
- Die 200 Jahre bis etwa 1800 zurück umfassen 510 Liebesbeziehungen, die unsere oder eine andere aktuelle Liebe prägen.
- Das könnte man auch als eine allgemeine Durchmischung der Beziehungskulturen in einer Bevölkerung betrachten.

Der berühmte, harmlos wirkende Lohn, den sich der Erfinder des Schachspiels vom indischen König erbitten durfte, nämlich ein Reiskorn auf dem ersten der 64 Quadrate des Schachbretts und das Doppelte auf dem jeweils nächsten, hätte ganze Provinzen mit Reis bedecken können. Mit der Liebesprägung verhält es sich ebenso.

Vielfalt der Liebesdimensionen

Erst diese vielfache Definition der Liebe erlaubt uns nun einen ungewohnten Blick auf ihre Gestalt: Wie ist ihre Qualität einzuschätzen? Über welche Requisiten verfügt sie? Welche Merkmale und Kennzeichen, welche Eigenarten charakterisieren die eine und die andere Liebe? Im Kontrast zum Wesen der Liebe, das im vorigen Abschnitt im Mittelpunkt stand, folgt nun also der Versuch, eine gegebene Liebe einzuschätzen.

Die Vielfalt der Liebesdimensionen ist unendlich. Wer es nicht im eigenen Leben erfahren hat, weiß es von dem, was er bei anderen erfuhr oder aus der Weltliteratur. Es kann also nicht darum gehen, alle möglichen Liebesformen darzustellen – es interessiert ja ohnehin vor allem die eigene –, sondern jene Dimensionen zu enthüllen, nach denen sich angesichts der enormen Unterschiede eine Liebe beschreiben und, wenn gewünscht, auch bewerten lässt.

Tiefe der Liebe

Schon am Anfang weiß jeder: Die Liebe unterscheidet sich in dem, was man ihre Tiefe nennen könnte. Das ist ein hochpräziser Begriff. Er besagt, in welchem Umfang seelische Schichten von mir in die Liebe integriert sind – und diese reichen vertikal bis in die intrauterine Zeit und horizontal bis zum Einbeziehen beispielsweise auch heftiger aggressiver Impulse. Damit wird sofort deutlich, dass die Liebe von dem Grad der Selbstintegration oder von möglichst wenig inneren Abspaltungen des Liebenden abhängt. Und das ist in der Regel mit zunehmender Lebenserfahrung der Fall – aber auch im frühesten Kindheitsalter, als wir die Liebe noch ganzheitlich und ungeschieden erlebten.

Liebe gewinnt aber auch durch ihren eigenen Entwicklungslauf an Tiefe. Eine einjährige Liebe ist von einer fünfjährigen durch etwas unterschieden, was wir prekärerweise Reife nennen. Im Glücksfall führt sie zur vollständigen Selbstintegration, wie es der oben erwähnte zweiundvierzigjährige Mann erlebte. Tiefe ist also vor allem das Ausmaß der Selbstintegration. Bezeichnenderweise kann eine plötzliche wirklich große Liebe wegen der Wucht des Geschehens selbst beim Zustand hoher Selbstintegration zur Selbstdesintegration führen.

Intensität der Liebe

Liebe hat nicht nur auf Grund ihrer Tiefe, sondern auf Grund der seelischen Konstitution der Liebenden oder ihrer Kombination unterschiedliche Intensität, Energie oder Kraft. Das betrifft nicht allein die Durchsetzungsfähigkeit einer besonders entwickelten Ichstärke oder die Triebstärke, sondern die Intensität der Gesamtperson jeden Partners und ihrer Bindung.

Dauer der Liebe

Da Alter nicht vor Torheit schützt, sprich: eine langjährige Liebe auch ohne große Entwicklung bleiben kann und ihr vieljähriges Bestehen über ihre Reife nicht immer etwas aussagt, muss das Merkmal der Dauer der Liebe unabhängig von der Tiefe beachtet werden. «Die Literatur führt uns in den seltensten Fällen bis zur Hochzeit… Über den Kreuzgang der Dauer – jenseits der Institutionalisierung der Liebe in der Ehe – pflegt sie wenig Worte zu verlieren.»

Realisierungsgrad der Liebe

Jede Liebe hat einen unterschiedlichen Realisierungsgrad. Damit ist nicht der Bau von Haus und Hof gemeint, sondern das Ausmaß ihrer seelischen Realisierung. Bin ich beispielsweise – um eine ernüchternde Frage zu stellen – nach dem Maße meines Empfindens genügend mit meinem Partner zusammen? Spreche ich mit ihm auch über wesentliche Erlebnisse, öffne ich mich ihm oder ihr gegenüber? Die weltweite Paarkatastrophe lässt nichts Gutes ahnen. Jede Liebe lebt von der Beziehungsfähigkeit der Partner, und das umfasst stets auch die Selbstbeziehungsfähigkeit. Sie ist zentral für die Chancen der Realisierung.

Lebensgeschichtliche Färbung der Liebe

Liebe heißt Liebesbeziehung, Liebesbeziehung heißt unbewusstes Zusammenspiel, Kollusion. Jürg Willi hat anschaulich dargestellt, welche Liebesformen es allein auf Grund der psychoanalytischen Phasenlehre gibt. Liebe kann Einssein oder wechselseitige Fürsorge oder Dominanzkampf oder wechselseitige Selbstbestätigung sein – je nachdem welche Kindheitsphase – narzisstisch, oral, anal, ödipal – überwiegt. Jede Liebe, ist umfassender zu sagen, hat ihre spezifische Färbung auf Grund meiner Lebensgeschichte.

Innovationsstärke der Liebe

Jede Liebe ist durch ihre Innovationsstärke charakterisiert. Anaïs Nin schreibt in ihren Tagebüchern über die Begegnung mit Henry Miller: «Er durchbricht die Schranken, in denen ich mein Temperament halte, um niemanden zu verletzen. Er entblößt die verborgene Anaïs, die es einige Faden tief unter der Oberfläche gibt. Er liebt es, die Erde zu erschüttern. Seine Aufgabe ist es, alles in Bewegung zu halten; denn aus dem Chaos entsteht Reichtum, aus Umwälzungen neues Leben.»

Innovationen, welche die Liebe bewirkt, betreffen also vor allem die Selbstentwicklung, können aber ebenso umwälzend Wirkungen auf die Paarbeziehungen oder das Umfeld mit sich bringen. «Sie stellte nicht nur mich, sondern meine ganze Welt auf den Kopf. Mein ganzes Leben, einschließlich meines Berufes, wurde anders», sagte eine Frau über ihre Liebe. Die größte und zugleich wegen ihres riesigen Ausmaßes unauffälligste Innovation liegt natürlich in der Neuschöpfung der Liebesbeziehung, in der Fulguration (dem «Aufblitzen»), die so weit wirkende Folgen hat wie die Erschaffung der Menschheit.

Anpassungsgrad der Liebe

Die Liebe hat einen je unterschiedlichen Anpassungsgrad an gesellschaftliche Konventionen. Gerade heute beim Untergang der Sexualmoral und dem Schwinden vorgeschriebener Rollen wird diese Dimension deutlicher sichtbar – beispielsweise bei schichtüberwindenden Heiraten oder bei Paarbildungen mit großem Altersabstand. Fernando Pessoa teilte die Menschen in angepasste und nicht angepasste ein, eine Gruppierung, die ihm wesentlicher schien als die zwischen Armen und Reichen. Warum? Weil die Anpassung eine große innere Legierung mit der seelischen Abwehr eingeht, obwohl sie natürlich nicht identisch ist. Eine gute Entwicklung der Liebe liegt gerade darin, wie weit sie ihre immer gegebene Abwehrformation verringern kann. In der Paartherapie gilt die Linderung der bipersonalen Abwehr geradezu als Behandlungserfolg, sprich Entwicklungsgewinn.

Eigenmotivation der Liebe

Nun ist erstaunlicherweise auch nach der Motivation zu fragen: Ist die Liebe selbstmotiviert oder fremdbestimmt? Da wir uns im politischen Raum der Liebesheiraten befinden, die sich vor zweihundert Jahren als Ergebnis der industriellen Revolution – das heißt der Trennung von Leben und Arbeiten – ergaben, halten wir an der angeblichen Selbstverständlichkeit fest, die Liebe sei stets durch das freie Subjekt motiviert. Es gibt heute aber noch weite Teile der Erde, in denen – wie einst bei uns – beispielsweise die Eltern noch vor der Pubertät die kommende Heirat und damit die Liebe festlegen.

Aber müssen wir so differenziert historisch argumentieren? Die Liebe als multipersonales Phänomen der Matrix reicht als Antwort für die Fremdbestimmung.

Oder werden wir wirklich offenen Geistes und sagen es rundheraus: Die Fremdmotivation zur Liebe ergibt sich durch den unbändigen Zufall. Dem mögen wir nicht folgen, weil es uns als zu abhängig zeigt. Also beschränken wir uns auf den autonomen Beitrag, den wir unserer eigenen Liebe zukommen lassen. Er ist angesichts der überwältigenden Verhältnisse und Verwurzelungen wirklich nur noch winzig zu nennen. Aber selbst diese geringfügige Beigabe versetzt Berge. Dies gleicht der Haltung der Existenzialisten: «Ausgesetzt den unübersehbaren kollektiven Kräften muss der Mensch sich doch in ihnen hervorbringen», schreibt Walter van Rossum zu Sartres Haltung. «Mitten in einer unüberschaubaren Praxis bringen wir praktisch das ‹eigene› Leben hervor.»

Die Liebe erweist sich als durch und durch zufallsgebunden und dennoch als der höchste autonome Akt. Sie ist also in der Regel extrem fremdmotiviert und extrem selbstmotiviert zugleich. Dennoch lassen sich im einzelnen, beispielsweise dem eigenen Fall, unterschiedliche Anteile ausmachen.

Sexuelle Orientierung der Liebe

Die Dimension der sexuellen Orientierung wird allein aus persönlichem Unbehagen nicht beachtet – man könnte die verpönten Züge in sich tragen: Heterosexuell oder homosexuell – oder noch Weiteres? Die Fantasie und die auf ihr fußende Forschung ist diesbezüglich stranguliert.

Wohin soll man sich orientieren, wenn man als Hirte oder Hirtin nur von Tieren umgeben ist? Die so genannte Sodomie war eine übliche sexuelle Orientierung auf dem Lande unserer Vorväter. Damit geraten wir ins Fahrwasser der sexuellen Abweichungen, die früher Perversionen hießen. Was aber, wenn diese Abweichungen die Mehrheit ausmachen? Die Liebe steht mit unzähligen anderen Lüsten in täglicher Konkurrenz. Ist die sexuelle Orientierung auf den Fernseher nicht heute schon mächtiger als auf den eigenen Partner? Gibt es dafür nicht triftige wissenschaftliche Gründe, da doch unsere *love map* mit allen Triggern zwischen dem vierten und achten Lebensjahr entsteht und in dieser Zeit der Fernseher bereits eine mächtige Anziehung entfaltet? Und was singen die modernen Dichter, diese Experten des Gefühlslebens, F. W. Bernstein beispielsweise?

«Erogen ganz ohne Frage
ist die Stereoanlage.»

Oder basaler:

«Manchen ist als Sitz der Lust
Nur die Brieftasche bewusst.»

Nicht die Menschen scheinen im Mittelpunkt der sexuellen Orientierung des Menschen zu stehen, viel eher die Börse. Gewiss, die intrauterine Seligkeit, wir schwimmen im Glück – aber gern auch im Geld.

Ziele der Liebe

Die Ziele der Liebe enthüllen ihre Komplexität vollständig. Und sie sind von Anbeginn in Schichten aufgebaut. Diese Erkenntnis ist nur möglich, wenn man den Uranfang in der ganzheitlichen, alles umfassenden Liebesform wahrnimmt. Dies geschieht wie in einem Systemfehler nicht – die Zielursachen sind aus der Theorie so gut wie verbannt.

Wir kommen aus der ungeschiedenen Zweieinheit – und wir streben dahin zurück. Diese Raffinesse der Evolution ist in Platons «Gastmahl» als Bild der Kugelmenschen wiedergegeben, die von den Göttern zweigeteilt wurden, um zeitlebens die Wiedervereinigung zu ersehnen. Ein bedeutendes Ziel der Liebe ist diese Verbindung: «der Mann oder die Frau meines Lebens».

Das ist Voraussetzung für das in meinen Augen höhere Ziel: Neues zu schaffen, den Schöpfungsimpuls. Dazu gehört: Sich selbst zu erfüllen und aufrechtzuerhalten, was zugleich die Art sichert. Und dieses Ziel der Ziele birgt zahllose weitere in sich.

Bleiben wir im seelischen Bereich: Alle phasenspezifischen Ziele – Urvertrauen, Autonomie, Initiative, um nur die psychosozialen Modi Eriksons zu nennen, die sich über das ganze spätere Leben wandeln: Identitätsbildung bis zur Integrität im Kontrast zur Verbitterung des hohen Alters auf Grund von Liebesmangel – wären die Ziele aus der Selbstbeziehung.

Sie sind mit denen aus der Partnerbindung unlösbar vereint. Und hier enthüllt sich nicht nur, dass der geliebte Mensch ein höheres Ziel ist als die eigene Person, vielmehr deckt sich auch das tiefste Ziel der Liebe auf: die Bildung einer Gruppe. So ist ja, wie gesagt, die ursprüngliche Form der Liebe nicht individualisiert, sondern eine Bindung an die ganze eigene Gruppe. Tatsächlich sehe ich den Menschen meines Herzens auch stets in der Gemeinschaft mit anderen – wie ich die erste Liebe, die Mutter, in der Regel auch im Kreis der Familie erlebte. Die Liebe kommt aus der Gruppe und geht zu ihr zurück – oder voran, was hier das Gleiche bedeutet. Ohne dieses erstrangige Ziel der Gruppenzugehörigkeit wäre jedes individuelle Leben verloren – ich denke, nicht nur in den frühen Phasen der Humanevolution, sondern auch heute noch. Die Monogamie ist ein Ausschnitt der Gruppenliebe.

Kurz, alle Ziele der Liebe sind in einem konkreten Akt vereint: Das Liebemachen enthält in der vorbewussten Fantasie zugleich Zeugen, Gebären und Sich-selbst-Gebären. Es enthält – allein, weil das Unbewusste nichts vergisst – ganz natürlich die Matrix aller erlebten Geliebten, das heißt auch die Ziele der verflossenen Beziehungen in sich, und zugleich geschieht etwas, was nie zuvor geschah.

Die aggressiven Strebungen werden dabei als Ziel gern vergessen, ja, im Zuge der zunehmenden Verpönung von so genannten Trieben abgespalten. Sie sind jedoch überlebensnotwendig und stets mit der Lust, die sie vitalisieren, gemischt. Große Lieben kennzeichnen allein deswegen eine große Kraft und Todesnähe. Das Urziel der Liebe heißt zusammengefasst: eine einmalige neue Wirklichkeit zu schaffen, die sich auch in einem Kinderwunsch äußern kann.

Für die eigenartige Verflechtung von Zielen in unterschiedlichen Schichten, die von der Struktur unseres Verstandes nicht zu erfassen ist, ein Beispiel von den Amazonasindios Yanomami. Frauen zu rauben ist das erotische Ziel ihrer Kriegshandlung. Das könnte man als das erste Ziel ansehen. Allein, der Raubzug führt nach und nach zu einer Distanzierung der Dörfer, damit die Verführung und der Krieg nicht ständig ausgelöst werden. Ist dieses Friedensziel nicht vielleicht wertvoller? Es kommt aber noch ein drittes Ziel hinzu: Durch dieses *spacing*, die Raumstreuung der Stämme über eine größere Fläche, wird die ausreichende Ernährung der Yanomami garantiert.

Welches Ziel ist bedeutender? Eine müßige Frage, denn alle sind unlösbar miteinander integriert.

Strukturelle Betonung der Liebe

Jede Liebe hat eine Gewichtung: Sie kann besonders sinnlich sein, ausgesprochen realistisch oder von starker Ethik getragen. Das ergibt sich aus ihrer psychostrukturellen Dimension. Diese Perspektive erscheint mir praktisch bedeutsam, weil die Psychoanalyse mit Es, Ich und Überich drei Bereiche unterscheiden konnte, die durchgehend das Seelenleben prägen. Eine überichbetonte Liebe wird sich nach ihrer Berechtigung fragen und schnell Strafängste entwickeln. Eine triebbetonte ist ansteckend, schnell entgrenzt, jedenfalls etwas chaotisch und entwickelt eher Überflutungs- und Fusionsängste. Eine vernunftbetonte Liebe fragt sich schnell, was sie im Leben verloren hat und ob es sich lohnt, viel Aufwand um starke Gefühle zu machen. Sie wägt eher die Konten von Kosten und Nutzen. Schnell findet man diese Typologie auch in den Konzepten der Experten wieder.

Eine besondere strukturelle Form der Liebe entspricht ihrer starken Legierung mit den Aspekten des eigenen Idealselbstes. Die Verliebtheit – wie sie ja auch beim Lauf der Liebe gelegentlich wieder aufkommt – gehört dazu, aber auch jede Art besonders idealisierender Bewunderung des anderen, nicht zuletzt im Sinne einer sexuellen Überschätzung. In der Wendung «meine bessere Hälfte» findet es sprachlichen Ausdruck, falls sie nicht einer Verkehrung ins Gegenteil gleichkommt.

Bewusstseinsgrad der Liebe

Unter der Topik der Liebe ist zu verstehen, inwieweit sie verdrängt oder verleugnet bleibt und somit im dynamischen Unbewussten ihre Wirkung entfaltet, ohne dass der Liebende sich darüber im Klaren ist; inwieweit sie zweitens vorbewusst, das heißt ebenfalls nicht bemerkt, aber immerhin bewusstseinsfähig, ist; oder inwieweit sie bewusst erlebt werden kann. Diese topische Dimension ist mit der Angsterregung der Liebe eng verbunden und wohl jedem Menschen bekannt.

Ein bildhaftes Gleichnis: Ein Mensch, der auf einen anderen zugehen möchte über ein Brett von einem halben Meter Breite, wird es wohl gelassen tun, wenn er sich dicht über dem Boden befindet – doch in Höhe einer Kathedrale nicht. Je bedeutender einem der andere ist, desto höher liegt dieser Übergang.

Ich erinnere mich an eine chinesische Novelle, in der ein siebzigjähriger Seemann beim Erzählen seiner Liebesbegegnungen erst nachträglich – dann aber sehr genau – wusste, welche Liebe für ihn die entscheidende war.

Im Rahmen unseres «Labors» mit über tausend Paaren, den zwölf Zwiegesprächsnetzen in deutschsprachigen Städten, war im Erfahrungsaustausch das beeindruckendste Erlebnis bei der ersten Begegnung, wie häufig die deutlich aufflammende Liebe so viel Angst machte, dass sie zunächst gar nicht registriert wurde. Manche weichen sogar in eine weniger ergreifende Liebschaft aus, gelegentlich auch mit Heirat, ehe sie zum ursprünglichen Partner zurückkehren.

Eine hochintelligente Psychotherapeutin folgte einem führenden Buddhisten in ein Kloster, ohne eine Spur ihrer Liebe zu empfinden. Erst als er wegen einer Liebesbeziehung diesem Glauben entsagte, erkannte sie nachträglich deutlich, dass sie ihm aus Liebe gefolgt war, und verließ ihrerseits den geweihten Ort.

Der Lauf der Liebe

«Bis dass ihr wünscht,
dass der Tod euch scheidet.»
BEST OF COMEDY

Der Entwicklungsgang der Liebe ist ohne wirkliches Ende. Die Liebe entfaltet sich ununterbrochen wie die Lebenserfahrung. Mit ihr wächst auch die Liebeserfahrung. Es gibt im Kaukasus nicht nur ein Akkordeonorchester der über Hundertjährigen, sondern auch noch Heiraten in diesem höchsten Alter. Man lernt nie aus, man liebt nie aus.

So ist die Versuchung groß, eine Phasenlehre zu erstellen. Kann man Perioden des Wachsens der Liebe unterscheiden? Die diesbezügliche Emsigkeit ist erstaunlich.

Ich möchte jedoch auf eine gruppenanalytische Parallele hinweisen. Sie ist schon deswegen nicht abgelegen, weil das Paar als kleinste Gruppe ähnliche Verläufe aufweisen dürfte. In diesem im Kontrast zur Liebesvielfalt überschaubaren therapeutischen Bereich versucht man sich nun an Phasenlehren – und diese nehmen kein Ende. Fast jeder Autor hat eine andere Vorstellung, die ihm aus welchen Gründen auch immer nun einmal liegt und in sein Konzept passt. Nimmt man zehn Verläufe vergleichend zur Kenntnis, wird einem die geheime Absicht klar: Man möchte das chaotisch und zufällig erscheinende Geschehen kontrollierend in den Griff bekommen – und das heißt: man möchte sich beruhigen. Der Lauf der Liebe ist aber keine berechenbare Flugkörperbahn zum Mars, vielmehr gleicht sie dem Lebenslauf, ja, ist mit ihm essenziell identisch. Und da gibt es die berühmte Grantstudie des amerikanischen Psychiaters George E. Vaillant, der ebenfalls wissen wollte, wohin die Reise des Lebens gehe und wie viel sich vorhersagen lasse. Die Antwort ist kurz: Fast nichts lässt sich vorhersagen. Unsere Existenz ist ein Überraschungspaket. Das Leben ist unabsehbar komplex. Und so auch die Liebe. Eine Ausnahme will ich nicht verschweigen: Die Abwehrmechanismen bleiben von der Wiege bis zur Bahre dieselben, es sei denn, man unterzieht sie einer Veränderung auf der Couch.

Die Unvorhersehbarkeit komplexer Entwicklungen ist inzwischen übrigens auch in der Evolutionstheorie akzeptiert. Stephen Jay Gould spricht von der «wilden Lotterie»: «Insbesondere ergibt sich auch das Auftauchen des Menschen nicht zwangsläufig aus der Evolutionstheorie – etwa als Folge evolutiven Fortschritts und wachsender Komplexität des Gehirns. Das Erscheinen unserer Spezies – nach geologischen Maßstäben vor einem Augenblick – ist vielmehr das glückliche, rein zufällige Ergebnis tausender miteinander verknüpfter Ereignisse, deren jedes auch anders hätte ablaufen können; dann wäre die Entwicklungslinie eben nicht in ein mit Bewusstsein begabtes Wesen gemündet.»

Diese Einsicht setzt uns aus. Sie ist unerquicklich, weil wir uns angesichts der Zufälle wieder einmal nicht festhalten können. Dementsprechend beliebt und Aufsehen erregend sind die in Büchern oder anderen Printmedien verbreiteten Phasenlehren der Liebe.

Andererseits gibt es individuell gesehen Entwicklungslinien. Zwar schützt Alter vor Torheit nicht, doch nimmt unsere Lebenserfahrung mit dem Alter in der Regel zu. Wir konnten für Zwiegesprächler und Paargruppenmitglieder 64 seelische Entfaltungsgewinne ermitteln. Sie folgen teilweise später. Genau diese Entwicklungslinien gelten aber auch für die Liebe jedes Paares und sind nicht auf den professionellen Bereich beschränkt.

Hier ist aber auch das Verhängnis modernen Paarlebens auszumachen: Es gibt rückläufige Entwicklungen. Ein Paar, das unzulänglich miteinander spricht, *ver*lernt sich kennen. Die Einfühlung beider ineinander reduziert sich oft dramatisch. Enttäuschung, Verbitterung, Hass prägen schließlich sogar die Gesichtszüge. Solche Verläufe verdienen Aufmerksamkeit, weil man aus ihnen erfahren kann, woran es mangelt – und das ist vor allem und immer wieder das wesentliche Miteinander-Sprechen.

Ein Paar kommt zu mir, nachdem es sich wochenlang angeschwiegen hat. Der Mann nennt den Anlass «Krach», nach dem er sich in die «Stille» zurückzog. Die Frau nennt den Anlass «Fremdheit»; sie hat «mit Schweigen geantwortet». Beide finden die Stummheit unerträglich. Die Frau wurde schlaflos.

Sie schildern lakonisch ihre sechsjährige Beziehungsgeschichte in jeweils drei Phasen:

Sie: «Die ersten Jahre waren herzlich und unkompliziert (1). Nach drei Jahren traten Schwierigkeiten auf (2), und so ist es geblieben (3).»

Er: «Die ersten drei Jahre waren ermutigend (1). Dann heirateten wir, der erste Einbruch (2). Kurz darauf bin ich bei ihr eingezogen, der zweite Einbruch, mit Schwierigkeiten bis heute (3).»

Die Ursachen der Sprachlosigkeit sind sehr komplex:

Schon die Eltern waren in der Regel kein Vorbild an Gesprächskultur.

Das Überwiegen der ichstrukturellen oder narzisstischen Störungen geht einher mit einer tiefen Neidspannung und Scham, es fördert das «Closing-off», das Dichtmachen.

Das Leistungsprinzip dominiert das Lebendigkeitsprinzip, fördert die sachliche Kürze und führt dazu, das eigene Leben als «Nebenkosten» zu verbuchen.

Die Freizeitindustrie, vor allem das Fernsehen (in Deutschland durchschnittlicher Konsum pro Tag 183 Minuten), entwickelt das Verstummen. «Seit wir das Fernsehen haben, sprechen wir nicht mehr miteinander», sagten die Einwohner der Galapagos-Inseln, nachdem sie ein Jahr lang als die Letzten auf Erden den fatalen Segen der Satellitentelevision genossen hatten.

Stummes Nebeneinander spart aber auch Reibereien, Auseinandersetzungen und Giftigkeiten, zeigen die Erfahrungen aus den Paargruppen. Wenig sprechen, vor allem nicht von sich, ist eine Schutzwand gegen weitere energiezehrende Gereiztheiten.

Der Kern aber scheint mir ein anderer zu sein: Wer sich wechselseitig anschweigt, verleugnet seine eigene Lebenserfahrung, die zeigt, dass ein gutes Gespräch gut tut. Warum? Weil er sich aus unbewussten Schuldgefühlen ein besseres Leben zu zweit nicht gönnt. *Der behindernde Partner ist die meistverbreitete gewöhnlichste Erscheinungsform des eigenen Überich.* In den Werken Sigmund Freuds wird die Ehe nur siebenmal erwähnt. Freud war kein Paarexperte, aber ein exzellenter Beobachter. Einmal wird die eheliche Verbindung als eine Chance zur wechselseitigen sexuellen Erfüllung angesehen, sechsmal jedoch als Gelegenheit, die eigenen Strafbedürfnisse zu befriedigen. «Nebenbei bemerkt, unglückliche Ehe und körperliches Siechtum sind die gebräuchlichsten Ablösungen (Fortsetzungen M. L. M.) der Neurose. Sie befriedigen insbesondere das Schuldbewusstsein (Strafbedürfnis).»

In den Paarkonzepten haben Experten sich auf äußere Etappen geeinigt: Paarbildungsphase, Berufsintegration, frühe und spätere Familie, Alterszeit, wenn die Kinder aus dem Haus sind. So schön diese Skalierung klingt, zu viel weicht davon ab.

Mir bringt es am meisten, wenn ich mir von jedem der beiden Partner die Beziehungsgeschichte erzählen lasse. Dann enthüllt sich ein Geheimnis der Liebe: Deine Geschichte ist nicht meine Geschichte, obwohl es um dieselbe Liebe geht.

Paarbrief Sechs

Desinteressierte Selbstvernachlässigung

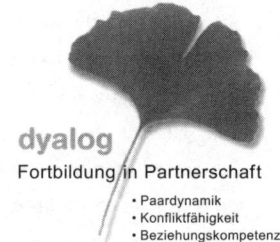

dyalog
Fortbildung in Partnerschaft

• Paardynamik
• Konfliktfähigkeit
• Beziehungskompetenz

Frankfurt, den 11. März 2002

Liebe Paare,

obwohl Erfahrungen mit Paaren meinen beruflichen Schwerpunkt seit mehr als dreißig Jahre ausmachen, entwickeln sich aus den gewonnenen Einsichten immer wieder neue Durchblicke. Seit Monaten lässt mich der Begriff „desinteressierte Selbstvernachlässigung" nicht los – und allein dieses ohrwurmähnliche Phänomen sollte mich hellhörig machen. Es trägt eine bedeutende, wenn auch zunächst nicht ganz bewusste Botschaft in sich.

Inzwischen ist mir klar geworden, dass die meisten Paare mit dieser Einstellung zu kämpfen haben: Sie beachten ihr eigenes Beziehungsleben weniger als ihre Topfpflanzen, ihre Kleidung oder ihre Autos, sie sind, was die Bedeutung und die Bedingungen ihrer Bindung betrifft, narkotisiert und entwickeln damit durch Unterlassung doch etwas: die Beziehungslosigkeit in der Beziehung. Statt sich nun aber deswegen angemessen zu erregen, zu leiden und initiativ zu werden, interessiert sie ihr hausgemachtes Elend überhaupt nicht: Desinteressierte Selbstvernachlässigung. Im Land „Ich weiss nicht, dass ich nichts weiss" bleiben sie unbehelligt. Das Bild gleicht manchen depressiven alten Menschen, die sich nach und nach verwahrlosen lassen. Was ist nun aber mit Menschen im besten Alter los, die sich in dem, was nachweislich lebensentscheidend ist, in ihrem eigenen Paarleben nämlich, so einfach gehen lassen. Wie Sie vielleicht wissen, ist passives Verhalten auch eine Art Handeln, weil man damit ebenso eine geheime Absicht verfolgt. Den entscheidende Hintergrund der desinteressierten Selbstvernachlässigung sehe ich in unbewussten Schuldgefühlen: Ich darf mir nicht erlauben, mir etwas Gutes wie eine Entwicklung zu zweit zukommen zu lassen; denn es ist ungehörig, privilegiert zu sein. Es gibt natürlich zahllose weitere Wurzeln dieser Gleichgültigkeit sich selbst gegenüber, beispielsweise, sich mit dem inneren Unbehagen nicht auseinander setzen zu wollen. Den meisten Menschen fallen solche Ängste zuerst ein. Beobachtet man aber in den längerfristigen Paargruppen das sich entwickelnde Zweiergeschehen, dann wird man sich über die tägliche Macht der unbewussten Verbote, Barrikaden, Selbstblockaden, Behinderungen und des Boykotts einer gelingenden Entwicklung nahezu entsetzt klar. Das kann natürlich seelisch durchgearbeitet werden, Anna Freud nannte die Psychoanalyse „Überich-Zersetzungsarbeit", also einen Abbau des unangemessen strengen Gewissens, das uns manchmal sogar das Recht abspricht, überhaupt zu existieren. Ich meine, auch Zwiegespräche können das leisten wegen der Erhöhung der Selbstbeobachtung und wegen der Steigerung des Selbstbewusstseins. Aber hier liegt die Krux: Die Paare müssten sich entschlossen zeigen, für die eigenen Entwicklung, für das eigenen Glück, zu handeln und das wird selbst verhindert. Es wäre schon ein guter Anfang, wenigstens mehr miteinander wesentlich zu sprechen. Was tun sie aber? Über persönliche Dinge sprechen deutsche Paare pro Tag nur noch in Höhe von zwei Minuten: Beziehungslosigkeit in der Beziehung. Keiner regt sich auf: Desinteressierte Selbstvernachlässigung. Das Erlernen der Zwiegespräche, der Gang zum klärenden Gespräch mit dem Paarberater ist kinderleicht, wird aber gerade bei den Paaren, die es bitter nötig hätten, zur unüberwindbaren Hürde. „Es ist doch im Grunde alles in Ordnung – oder?" Was gewinnen wir aus dem Phänomen der gleichgültig lassenden Selbstmissachtung? Ich glaube, dass sich allein durch Benennung dieses epidemischen Symptoms „desinteressierte Selbstvernachlässigung" unsere Wahrnehmung schärft und wir aufmerksam werden auf unsere geradezu selbstzerstörerische Einstellung. Dann wird eventuell auch einmal das Handeln in eigener Sache folgen. Das Zweierdasein ist viel bedeutender als das eigene Auto – und man sollte ebensoviel an Zeit, Energie und Geld investieren. Sigmund Freud erwähnt in seinem Gesamtwerk siebenmal die Ehe: Einmal als Chance zur wechselseitigen sexuellen Befriedigung, sechsmal jedoch als Austragungsort unbewusster Schuldgefühle. Die Ehe dient also in seinen Augen vor allem der Selbstbestrafung, die Partner geißeln sich mit ihrem Elend. Er schreibt einmal: „Nebenbei gesagt ist die Ehe und körperliches Siechtum die verbreitetste Fortsetzung der Neurose (mit ihrer Neigung, sich selbst zu bestrafen – M.L.M.). Sollte das weltweite Paarsterben und die Standardform heutiger Zweierverhältnisse, die Beziehungslosigkeit in der Beziehung, durch unbewusste Schuldgefühle bedingt sein? Mir scheint es so. Sie können es ändern, sofort, indem Sie etwas für sich zu zweit tun

Herzlich, Ihre

Michael Lukas Moeller   Célia Maria Fatia

4
Am Anfang
war das Wort

«Die Ehe als langes Gespräch. –
Man soll sich beim Eingehen einer Ehe die Frage vorlegen:
glaubst du, dich mit dieser Frau bis ins Alter hinein gut zu unterhalten?
Alles andere in der Ehe ist transitorisch,
aber die meiste Zeit des Verkehrs gehört dem Gespräche an.»
NIETZSCHE IN «MENSCHLICHES, ALLZUMENSCHLICHES»,
ERSTER BAND, 406

Zwietelegramm

Ohne eine feste Etablierung wesentlicher Dialoge kann sich eine Beziehung nicht optimal entwickeln, sie kann ihre Chancen nicht gut erkennen und wird von Konflikten bedroht. Die wichtigste Einsicht lautet daher: Wir müssen einen Kreislauf der Beziehung durch Zwiegespräche aufrechterhalten.

Es gibt zwei Arten von Zwiegesprächen: das allgemeine und den besonderen Dyalog. Während in den allgemeinen Zwiegesprächen das Thema lautet «Was bewegt mich im Augenblick am stärksten?», geht es in den besonderen Zwiegesprächen um ein brennendes Thema, das ein Paar üblicherweise gern vermeidet oder einfach zu wenig beachtet, beispielsweise: «Unser erotisches Erleben».

Im Folgenden geht es nun um ein spannendes Thema für alle Paare, nämlich um die Einsicht in etwas, was man den Bauplan der Beziehung nennen könnte, oder anders gesagt: um den Einblick in die eigenen Fundamente der Beziehungsstruktur. Diesen Themenkreis nenne ich das Beziehungsfenster.

Ursprünglich entwickelte ich das Beziehungsfenster für

mein Vorgehen im ersten Gespräch mit den Paaren, die in meine Sprechstunde kommen. Es diente als professioneller Leitfaden für halbstrukturierte Interviews, bei denen einerseits die unbewusste Dynamik genug offenen Spielraum hat, andererseits aber die wesentlichen Bereiche des Paarlebens zur Sprache kommen konnten. Als ich das Beziehungsfenster in die Expertenweiterbildung einbrachte, wurde mir klar, dass auch so genannte Laien sehr viel Gewinn haben könnten, wenn sie in themenzentrierten Zwiegesprächen diesem Leitfaden folgten.

Dazu ist allerdings zunächst eine kurze Information über das Zwiegespräch vonnöten.

Kürzeste Anleitung zum Zwiegespräch

1. Vereinbaren Sie gemeinsam einen Haupt- und einen Nebentermin von 1 1/2 Stunden Dauer pro Woche.

2. Setzen Sie sich zum Zwiegespräch von Angesicht zu Angesicht gegenüber.

3. Das Thema lautet: Ich erzähle dir, was mir nach und nach zu den Themenkreisen des Beziehungsfensters (siehe unten) einfällt.

4. Schweigen und Schweigenlassen, wenn es sich ergibt. Zwiegespräche sind kein Offenbarungszwang.

5. Beachten Sie die Viertelstundenregelung, wenn bei Ihnen ein größerer Unterschied besteht in der Fähigkeit, zu Wort zu kommen: Die erste Viertelstunde hat der eine, die nächste der andere. Dann noch einmal ein doppelter Wechsel.

6. Pünktlich beginnen, pünktlich aufhören. Die Zwiegespräche nie verlängern oder verkürzen.

7. Bei sich bleiben – man hat in der Welt des anderen nichts zu suchen.

8. Bildersprache: Erläutern Sie sich in konkret erlebten kleinen Szenen.

Was bewirken Zwiegespräche?

«In den drei Monaten
mit Zwiegesprächen haben wir mehr
voneinander erfahren
als in zehn Ehejahren vorher.»
EIN ZWIEGESPRÄCHSPARTNER

Die vielfältigen Wirkungen der Zwiegespräche ergeben sich durch zwei Momente, nämlich durch das übende Erleben, das während des Zwiegespräches ununterbrochen abläuft, und durch das wechselseitige Modell, durch das einer vom anderen lernt.

Daraus ergibt sich das fundamentale Zwiegesprächsprinzip:

«Jeder entwickelt sich selbst und hilft dadurch dem anderen, sich selbst zu entwickeln.»

Es erübrigen sich daher Ratschläge oder andere Versuche, den Partner zu ändern. Jeder Impuls, den Partner umzugestalten, ist vergeudete Energie. Eine Paarbeziehung entwickelt sich so gut wie ausschließlich durch die Selbstentwicklung der beiden Partner.

Im Übrigen kann jeder die einzelnen Wirkungen der Zwiegespräche einfach ermitteln: Was im übenden Erleben, was also in den Zwiegesprächen geschieht, ist gleichbedeutend mit Lernen. Wir lernen beispielsweise:

- uns selbst wahrzunehmen,
- von uns zu sprechen,
- dem anderen zuzuhören,
- sich wechselseitig anzuerkennen,
- sich einander zuzuwenden,
- dialog- und konfliktfähig zu werden,
- die Bedürfnisse des anderen und die eigenen Wünsche gleichrangig zu beachten,
- an Selbstvertrauen zu gewinnen.

Eben damit werden wir unseres eigenen Glückes Schmied – und zudem seelisch und körperlich gesünder.

Die beiden von Sigmund Freud formulierten großen Ziele der Psychoanalyse, nämlich die Liebesfähigkeit und die Arbeitsfähigkeit wiederherzustellen, sind komplex zusammengesetzte Wirkungen, die in den unten folgenden Berichten enthalten sind.

Fischauge
Bericht über die Wirkung der Zwiegespräche

Unter einem Fischauge versteht man in der Gruppendynamik eine bestimmte Form lebendigen Lernens: Die von eigenen Erlebnissen berichtenden Fortgeschrittenen sitzen in einem Innenkreis, die zuhörenden Beginner um diesen Kreis herum: Fischauge. Es geht dabei nicht ums Diskutieren, sondern um ein Aufnehmen dessen, was die Erlebenden zu schildern haben. Keine andere Didaktik erreicht wie dieses Fischauge eine solche Unmittelbarkeit, Gefühlsnähe und seelische Präzision. Im folgenden O-Ton-Ausschnitt berichten die Fortgeschrittenen den etwa siebzig Beginnern, welches Zwiegesprächs-Erlebnis des vergangenen Jahres am schönsten war.

PETER: «Mein Name ist Peter. Doris und ich sind zusammen hier. Wir führen diese Zwiegespräche seit Mai vergangenen Jahres. Was mir ganz besonders aufgefallen ist und was für mich eine sehr positive Erfahrung ist, sind zwei Bereiche. Der eine Bereich spiegelt sich ins operative Tagesgeschäft ein: Wir streiten uns jetzt relativ wenig. In der Zeit vor den Zwiegesprächen hatten wir dagegen eine sehr ausgeprägte Streitkultur, mit einem hohen Zeitanteil, ganz besonders morgens. Das zweite Highlight ist mein Verhältnis, meine Beziehung, ja meine Kommunikation zu Menschen, die mit uns in Verbindung stehen. Die hat sich in meiner Wahrnehmung sehr stark zum Positiven hin verändert. Ganz besonders ich fühle mich so, dass ich mit anderen Menschen einfach anders umgehe. Das ist lockerer. Es hat wohl etwas mit dem Selbstbewusstsein zu tun, das mit den Zwiegesprächen gestiegen ist.»

DORIS: «Ich bin Doris, und wir sind ein Paar. Bevor wir die Zwiegespräche begonnen hatten, gab es gar keine so richtige Gesprächskultur. Seitdem wir regelmäßig Zwiegespräche machen, freue ich mich immer darauf, auf den Montag um zwanzig Uhr, wenn die Kinder im Bett sind. Das ist wie ein Ritual. Manchmal, so ist mein Gefühl, gibt es Wochen, in denen es die einzige Zeit zu zweit ist: anderthalb Stunden hintereinander miteinander etwas tun und uns zuhören. Wenn wir diesen Raum nicht hätten, frag ich mich, was denn eigentlich übrig bliebe. Ich möchte die Zwiegespräche nicht mehr missen. Sie sind ein wichtiger Teil unserer Beziehung geworden. Ich denke, wenn wir die Zwiegespräche nicht begonnen hätten, dann würde es uns vielleicht gar nicht mehr geben, wie es uns jetzt noch gibt.»

GABRIELE: «Ich bin Gabriele. Wir machen die Zwiegespräche seit dem letzten Seminar. Das ist über ein halbes Jahr, glaube ich. Für mich sind zwei Zwiegespräche ganz besonders wertvoll: Wir haben eines gehabt, in dem für mich ein Konflikt entstand. Erschüttert sah ich, dass wir zwei Einzelne sind. Vom Gefühl her war ich eher sehr traurig, weil ich gerne Unterstützung und Verständnis wollte. Es war für mich sehr wertvoll zu sehen, dass es im Moment nicht ging. Ich bin ich, und Bruno ist Bruno. Ein solches Gefühl zu bekommen für die Einzigartigkeit – das hat mir in diesem Moment total viel bedeutet. Ein paar Wochen später gab es eine ähnliche Situation. Da hat mich genau dieses Anderssein von uns beiden total beflügelt und bestärkt. Ich habe mich dann für mich selber als Mensch total kräftig und selbständig gefühlt. Ich merke auch in unserem Umgang in der Beziehung, aber auch mit anderen Menschen oder meinem Alltag dieses

Mich-selber-Fühlen: Nach außen eine Grenze zu haben, aber auch die anderen genauso wahrnehmen zu können. Das tut mir sehr gut, macht mich stark und entspannt.»

Bruno: «Mein Name ist Bruno. Für mich ist eigentlich die Gesamtheit der Zwiegespräche, die wir bisher gemacht haben, sehr wichtig. Auch bei uns ist es so, dass wir uns unter der Woche zwar manches erzählen, aber die richtigen, wichtigen Dinge dann doch mangels ruhiger Situation unter den Tisch fallen. Ich glaube auch, dass das in unserer Beziehung sehr zur Kräftigung des Gemeinschaftsgefühls und des Bewusstseins des Füreinander-wichtig-Seins geführt hat. Es war auch spannend, als wir das erste Mal mit anderen Paaren beim Erfahrungsaustausch in der so genannten Intervisionsgruppe zusammentrafen, zu sehen, wie unterschiedlich andere Menschen die Zwiegespräche erleben. Insgesamt hat es sich gelohnt, und es lohnt sich auch weiterhin, denke ich.»

ANGELIKA: «Wir machen Zwiegespräche seit März letzten Jahres. Eine wichtige Erfahrung ist, dass der Zugang und Kontakt zu mir selber kontinuierlicher für mich da ist. Das ist früher manchmal durch den Stress weggerutscht. Ich merke aber auch, wie sehr ich die Zwiegespräche brauche, nicht nur, um uns miteinander zu klären, sondern auch mich selber. Manchmal merke ich, dass ich bei einigen Sachen gar nicht mehr durchblicke. Nach den Zwiegesprächen wird mir einiges klarer. Was ich auch schön finde, ist, dass es durch diese Abstimmung nicht nur im emotionalen Bereich besser wird, sondern auch konkret im Alltagsleben. Es sind Dinge, die mehr das Familienleben betreffen, zum Beispiel das Thema Rituale betreffen und den Umgang mit dem Kleinen. Auch im Alltag verändern sich Dinge ganz praktisch durch den besseren Kontakt. Das wichtigste Erlebnis der letzten Zeit mit Zwiegesprächen ist zwei Wochen her. Da habe ich mir erlaubt, einmal richtig abgrundtief sauer zu sein. Richtiger Hass kam auf, ich wurde so richtig wütend. Ich habe mir das erlaubt, und danach ging es uns tagelang auch richtig schlecht. Wir waren ganz weit auseinander. Die Erfahrung, dies auszuhalten, bis sich dann plötzlich wieder ein Licht zeigte, war für mich sehr wesentlich. Es war dann so, dass damit ein ganz wichtiges Erlebnis auftauchte und ein wichtiges Grundbedürfnis sich zu Wort gemeldet hat, was uns noch immer in Atem hält. Das ist jetzt eigentlich noch nicht gelöst, ist aber als Thema da. Die Erfahrung, dass man durch ein Tief auch wieder auf den Lichtblick vertrauen kann, das finde ich das wichtigste Zwiegesprächserlebnis, das mir gerade präsent ist.»

WOLFGANG: «Ich heiße Wolfgang. Wir streiten erheblich mehr, seit wir die Zwiegespräche machen. Das empfinde ich inzwischen – nachdem ich das lange Zeit auch ärgerlich und beunruhigend gefunden habe – durchaus als befreiend. Als Wichtigstes empfinde ich, dass die Zwiegespräche eine Menge Affekte losgetreten haben, die vorher nicht möglich oder auch verboten waren. Besser: weil ich selber keinen Zugang dazu hatte. Das sind vor allem Affekte negativer Art: Wut, Aggression, Hass – Dinge, die in meiner Vorstellung Paare eigentlich nicht zelebrieren sollten. Im Nachhinein – nach dieser langen Zeit – finde ich es sehr erleichternd. Ich merke, es sind Affekte, die mir immer gefehlt haben oder aber zu kurz gekommen sind. Ich habe das erste Mal auch wirklich leibhaftig erlebt – deswegen kann ich das jetzt auch positiv empfinden –, dass hinter der fürchterlichsten Wut eine ganz andere Nähe plötzlich möglich wird. Ich glaube, dass ich deswegen jetzt auch nicht mehr so eine große Angst vor trennenden oder bösartigen Affekten habe. Das ist das eine, was ich für mich am wichtigsten finde. Das andere ist, dass ich einen viel besseren Zugang dazu bekomme, was ich eigentlich möchte. Dass es mir dabei auch wurscht sein darf und mir auch immer häufiger wurscht ist, was Angelika gerade möchte. Das kann man ja dann auch noch sehen, angefangen damit, dass ich weiß, ob ich heute zu Hause oder aber im Restaurant essen möchte, bis in viel wichtigere Bereiche. Das ist sehr befriedigend.»

Gisela: «Ich bin Gisela. Wir führen Zwiegespräche seit Mai. Ich habe es so erlebt, dass durch die Zwiegespräche unsere Beziehung so etwas wie eine Schubkraft erlebt hat. Die Beziehung hat an Wichtigkeit gewonnen, sobald wir den verabredeten Termin mit anderen wichtigen Terminen gleichwertig gestellt haben. Wir haben verabredet, dass ich mich mit mir beschäftigen konnte, bevor ich in das Zwiegespräch gegangen bin, und mich dann besser öffnen konnte für das, was Ludwig mir zu sagen hatte. Das Wichtigste für mich ist vielleicht, dass ich in den Zwiegesprächen gelernt habe zuzuhören. Ein besonderes Erlebnis war für uns, so denke ich, dass wir einmal diese neunzig Minuten lang geschwiegen haben. Was ich für mich persönlich als eine besondere Leistung empfand. Ich hatte mir das vorher gar nicht zugetraut. Noch etwas: Unsere Tochter bearbeitet gerade die Beziehung zu ihrem Freund und macht nicht einfach Schluss. Ich denke, dass da vom Elternpaar doch etwas abfärbt. Das finde ich ganz spannend.»

Ludwig: «Ich bin Ludwig. Die Zwiegespräche haben mir persönlich ein Stück weitergeholfen. Sie haben mir die Möglichkeit eröffnet, das, was ich möchte, auch auszuführen, nicht immer nur ein Anhängsel zu sein und das wohlwollend mitzubegleiten, was allgemeiner Impuls ist, sondern in mich hineinzuhören: ‹Was ist denn mein Wollen?›. Mir ist dann deutlich geworden, dass ich es auch tun darf. Das Wollen und Tun beginnt jetzt Farbe zu bekommen. Das ist ein schönes Gefühl. Auch etwas allein oder aber mit anderen zu tun, nicht nur innerhalb der Beziehung. Es gibt auch noch andere Beziehungen, die einem wichtig sind. Das genieße ich ein Stück. Mir war es auch ein besonderes Erlebnis, neunzig Minuten zusammenzusitzen und zu schweigen. Mir fällt das nicht schwer. Aber in der Konstellation ist es doch etwas Besonderes. Dabei ist man ja mit sich selbst allein, aber gemeinsam mit dem anderen. Das ist ein schönes Gefühl.»

Kurt: «Guten Tag, ich bin Kurt. Wo fange ich denn an? Wir

sind lange zusammen, aber doch noch nicht ganz richtig. Das hat mir viel Mühe bereitet. Wir haben viele Versuche gemacht, vielleicht auch mehr von außen angetrieben. Vor zwei Jahren habe ich von meiner Schwester das Buch ‹Die Wahrheit beginnt zu zweit› geschenkt bekommen. Dann habe ich ein zweites Exemplar gekauft, damit wir den Text auch getrennt lesen können. Seit anderthalb Jahren machen wir am Sonntag ein Zwiegespräch. Dies ist für mich elementar wichtig, weil es mir immer ein Stück Hoffnung gibt.»

KITTY: «Ich bin Kitty. Ich mache das Gespräch mit meinem Freund seit ungefähr einem Jahr mit langen Unterbrechungen. Das Gefühl, was ich bei dem Gespräch hatte, als wir diese regelmäßig gemacht haben, war ein enges Miteinander, ein Gefühl, was ich vorher nie erlebt habe. Dieses Zusammensein war einfach schön. Was ich immer besonders schön fand, war nach dem Gespräch die sehr starke Lust, miteinander zu schlafen. Das ist so schön. Sonst geht das ja durch den ganzen Alltagsstress etwas verloren. Ich hatte sonst abends immer das Gefühl im Bett, dass ich fix und fertig war und nur noch schlafen wollte, wegschlafen.»

Skizze einiger Zwiegesprächswirkungen

«Nur durch Mitteilung,
nur aus der Konversation des Menschen
mit dem Menschen entspringen die Ideen.
Nicht allein, nur miteinander kommt man zu Begriffen,
zur Vernunft überhaupt.»
LUDWIG FEUERBACH

Die folgenden 38 Wirkungen sind ein kleiner Ausschnitt aus dem, was Zwiegespräche bewirken. Sie ergänzen das Fischauge. Bei klarem, gelassenem Bewusstsein wird einem ohnehin nur ein Zehntel dessen bewusst, was in den wesentlichen Dialogen geschieht. Neun Zehntel der von uns ermittelten insgesamt 64

Entwicklungslinien in Zwiegesprächen vollziehen sich als unbewusster Erlebnisprozess Minute für Minute. Der Trainingseffekt dieser Erfahrung stärkt das Wachstum der seelischen Fähigkeiten wie das Sporttraining die körperlichen Leistungen.

1. Opening-up, Selbstoffenheit

Zwiegespräche sind die aktive Form des Opening-ups. Ich bin offen dem anderen gegenüber und damit notwendigerweise auch mir selbst gegenüber. Diese Selbstoffenheit muss für viele Menschen, insbesondere für Männer, erst geübt werden. Sie entspricht einer Erweiterung und Vertiefung der Selbstbeziehung.

2. Reden lernen

Die einfachste Stufe ist das schlichte Reden. Oft sind Paare zusammen, bei denen einer sehr gut, der andere nur langsam zum Wort findet. Das gleicht sich mit der Zeit an, wenn Reden und Zuhören gleich verteilt werden, das heißt, wenn auch dem weniger gesprächigen Partner die gleiche Zeitmenge zur Verfügung steht. Reden lernen bedeutet aber auch, von sich reden lernen und nicht über etwas. «Mit Freunden bin ich ein Salonlöwe, sobald ich aber im persönlichen Gespräch von mir reden soll, ist meine Kehle wie zugeschnürt.» Doch geht diese Wirkung noch viel tiefer. In einem gruppenanalytischen Fachartikel ist sie auf den Punkt gebracht: «Der Prozess der Beziehung beginnt beim Symptom, führt zum Konflikt und endet bei der Konfliktlösung. Je weiter die Reise geht, desto mehr nimmt die Fähigkeit zur Kommunikation zu.»

3. Sich selbst wahrnehmen

Die Selbstwahrnehmung ist bei vielen Menschen so verschüttet wie die Träume, die sie nicht erinnern. Die Fähigkeit, die eigenen inneren Vorgänge wahrzunehmen und ausdrücken zu können, gehört beispielsweise zu den zentralen Voraussetzungen für den Psychoanalytiker-Beruf. Selbstwahrnehmung hat also sowohl mit der Offenheit sich selbst gegenüber zu tun wie mit der Fähigkeit, sich auszudrücken, das heißt, Gefühlsvorgänge an Worte zu binden.

4. Selbstgestaltung

Schon das Wahrnehmen seiner selbst ist eine Form der Selbstgestaltung. Doch noch intensiver gewinne ich nach und nach durch unterschiedliche Wahrnehmungen meiner selbst die Fähigkeit, mich selbst zu entwerfen – zunächst einmal für den jeweilig gegebenen Moment. Wie ein Bildhauer gestalte ich aus Worten meine innere seelische Figur. Ich entwerfe mein Selbstporträt. – Natürlich reicht das so weit, dass man sich auch eine Form geben kann, die wesentliche Ereignisse der Kindheit versteckt. Besonders auffällig ist hier der «persönliche Mythos», mit dem man sich selbst stilisiert und heroisiert. Er dient dazu, sehr schlimme traumatische Erlebnisse in der Verdrängung zu halten und zu überspielen. Andererseits gerät bei voranschreitender Selbstgestaltung (siehe Selbstentwicklung) auch diese Fassade des persönlichen Mythos in einen Zerfall, wenn nach und nach Empfindungen und Assoziationen dazu widersprüchlich werden. – Zur Selbstgestaltung gehört auch, sich selbst strukturieren und sortieren zu können. Vielen gelingt das nicht. Nach einem ersten Zwiegespräch sagte ein Mann: «Ich glaubte, ich könnte mich nie selbst strukturieren, heute habe ich es gelernt.» – Insofern sind Zwiegespräche auch identitätsbildend. Identität ist die spezifische Weise des eigenen Werdens, das heißt ein Vorgang, nicht ein Zustand.

5. Sich selbst entwickeln

In dem Augenblick, in dem es mir gelingt, aus mir heraus die innerseelische Gestalt von mir, mein Selbst, zu modellieren, wird es mir auch gelingen, meine inneren Veränderungen in unterschiedlichen Situationen wahrzunehmen – beispielsweise in Abhängigkeit von der Beziehung oder anderen Lebensereignissen – und diese Veränderung als Entwicklung unter Umständen gezielt zu entwerfen. Manchen Menschen ist diese Wirkung der Zwiegespräche wesentlicher als die Entwicklung der Beziehung.

6. Zuhören lernen

Für manche noch wichtiger als das Erlernen, von sich selbst zu sprechen, ist das Zuhörenlernen. Es macht in gleichem Maße die Beziehung aus wie die Fähigkeit, sich dem anderen offen zu zeigen. Momo ist eine Märchengestalt Michael Endes, die die Eigenschaft einer wirklich Zuhörenden verkörpert und dadurch bezeichnenderweise auch die Selbstoffenheit ihrer Partner ermöglicht: Zuhören und Sichausdrücken erzeugen sich wechselseitig.

7. Den Partner wahrnehmen

Plötzlich beginne ich, den Partner so wahrzunehmen, wie er sich selbst erlebt. Ich lerne nicht nur, dass der andere anders ist, sondern dass er anders ist, als ich es annahm. Annahmen sind Vorformen von Verzerrungen und Kolonialisierungen. Mit der die Einsicht «Ich bin nicht du und weiß dich nicht» öffnet sich der Weg, den anderen einfach von sich erzählen zu lassen. So nehme ich ihn wahr und lerne vor allem seine wesentlichen Bedürfnisse kennen.

8. Wechselseitige Einfühlung
und Einfühlungsfähigkeit

Beide nehmen jeweils den Partner wahr, was bedeutet, dass die Einfühlung in der Beziehung zunimmt. Beide lernen aber auch beim Zuhören des anderen, sich mehr und mehr in ihre Empfangsfähigkeit für den anderen zu steigern. Einfühlung ist keine individuelle Fähigkeit, sondern eine Beziehungsqualität. Zu ihr gehört: Sich offen ausdrücken und diesen offenen Ausdruck auch wirklich sensibel aufzunehmen. Dieses vom einen zum anderen und von dem wieder zurück. Es gehören also zu einer guten Einfühlung des Paares vier Eigenschaften in einer Zeiteinheit.

9. Abbau von Projektionen

Das kleine Glück des Missverstehens beruht auf wechselseitigen Projektionen: Jeder nimmt den anderen so wahr, wie er ihn gern haben möchte (auch wenn es sich um durchaus negative Eigenschaften handeln sollte), nicht, wie er wirklich ist. Die zunehmende wechselseitige Einfühlung in den Zwiegesprächen bewirkt, dass Projektionen sehr viel schwerer fallen. Man sieht die Realität des anderen genauer. Deshalb ist die Bewahrung des kleinen Glücks angewiesen auf eine relativ distanzierte Beziehung: «Sie waren gerade soviel zusammen, dass sie sich nicht kennen lernen konnten» (Silvia Giacomoni). Der Widerstand gegen Zwiegespräche, der sie nach einiger Zeit oft zum Versiegen bringt, speist sich aus der projektionsabbauenden Wirkung: Wenn nämlich Projektionen schwinden, muss ich die mir unbehaglichen seelischen Eigenschaften und Empfindungen – beispielsweise aggressive Gefühle – zu mir zurücknehmen. Das erzeugt Angst und Widerstand gegen Zwiegespräche.

10. Sich wechselseitig anerkennen

Nach und nach lernt man sich nicht nur kennen, sondern auch anerkennen. Die wechselseitige Anerkennung geht weit über Toleranz hinaus, die ja nur einer Duldung des anderen entspricht. Anerkennung bedeutet, dass ich die andersartigen Ansichten und Bedürfnisse des Partners als meinen eigenen Vorstellungen gleichrangig empfinde. Das ist das Ende des üblichen Paarrassismus. Ein Paar, das sich permanent in höchstem Grade stritt, hatte nach drei Jahren eine Situation erreicht, in der es zu diesen Wutausbrüchen nicht mehr kam. Auf die Frage von jungen Zwiegesprächlern, wie das zustande kam, antwortete das Paar: «Weil wir hundertmal erfahren haben, dass die Ansichten und Meinungen des anderen, die wir so sehr bekämpften, eine ebenso große Berechtigung und eine ebenso solide Begründung hatten wie die eigenen.»

11. Erweitern und Vertiefen der Beziehung

Durch wechselseitiges Sichöffnen, Sprechen und Zuhören, durch die Steigerung der wechselseitigen Einfühlung, durch die verstärkte Selbst- und Partnerwahrnehmung, werden mehr innere Bereiche für die Beziehung erschlossen als vorher. Die Beziehung erweitert sich damit, sie wird sozusagen umfangreicher, gleichzeitig aber vertieft sie sich auch dadurch, dass hinter dem manifesten Verhalten und dem aktuellen Erleben auch Schichten ins Gespräch kommen und bewusst werden, die beide Partner vorher noch gar nicht im Blickfeld hatten. Beispielsweise können beide entdecken, dass sie sich wechselseitig erleben wie die Eltern- oder Geschwisterfiguren.

12. Erkennen der Übertragungen

Eine Beziehung enthält in verflochtener Form drei und mehr Grundbeziehungen: Die Beziehung zur Mutter, zum Vater und die Beziehung, die die Eltern zueinander hatten, reinszenieren sich in der Paarbeziehung. Hinzu kommen die wesentlichen Geschwisterbeziehungen. Dies geschieht auf beiden Seiten, so dass man genauer gesagt von sechs und mehr Beziehungen sprechen müsste. Die Urgeliebte ist die Mutter, für beide Geschlechter. Beide können auch den Vater erleben. Oft wird ihnen im Laufe der Zwiegespräche bewusst, dass sie die Elternpaarbeziehung wiederholen. Zwiegespräche sind die Tätigkeitsform einer erkennenden Beziehung.

13. Entwickeln der Beziehung

Jeder entwickelt sich selbst und hilft damit dem anderen, sich selbst zu entwickeln. Alle vorgenannten Wirkungen bündeln sich zur Fähigkeit, die Beziehung zu gestalten und zu entwickeln. Dieser Prozess ist mehr unbewusst als bewusst. Viele erkennen erst mit den Zwiegesprächen, was eine Beziehung überhaupt sein kann. In der Regel ist eine heutige Beziehung – sofern sie bei der verbreiteten «Beziehungslosigkeit in der Beziehung» überhaupt besteht – unteroptimal, das heißt zu klein, zu kurz, zu flach. Zwiegespräche öffnen die Augen für das wirkliche Potenzial einer Beziehung und für ihre mögliche Qualität.

14. Bindungsfähig werden

Beziehungsfähigkeit oder Bindungsfähigkeit ist heute bei fast allen Menschen stark beeinträchtigt. Die ersten drei Kindheitsjahre sind hochbelastet und führen zu Beziehungsschwächen als Symptom der narzisstischen Störungen. Deutschland ist im Vergleich mit anderen westlichen Industrienationen durch Beziehungsschwäche zwischen Mann und Frau (und Eltern und Kindern) besonders gekennzeichnet. Im Zwiegespräch vollzieht sich ein übendes Erleben der Beziehung. Die Partner lernen, in Beziehung zu bleiben, sich dem anderen zu widmen, ihre Ängste zu erkennen und aufzuarbeiten. Die Bindungsfähigkeit nimmt zu. Sie ist die logische Folge der durch Reden- und Zuhörenlernen erhöhten Kommunikationsfähigkeit. Bei Selbsthilfegruppen wurde empirisch festgestellt, dass die Kommunikationsfähigkeit nach einem halben Jahr deutlich erhöht war und nicht nur dazu führte, dass die Beziehungen innerhalb der Gruppe sich verbesserten, sondern dass die Gruppenmitglieder auch außerhalb der Gruppe bindungsfähiger wurden. Analog ist es für Zwiegespräche anzunehmen.

15. Vertrauen lernen

Verständlicherweise ist eine der ersten Wirkungen, das Misstrauen abzubauen und das Vertrauen zu stärken. Denn Zwiegespräche entsprechen einer Art Vertrauensvorschuss einerseits, andererseits entmachten sie sozusagen das Misstrauen. Natürlich gibt es Episoden, in denen vormals streng unter Verschluss gehaltene Geheimnisse sich offenbaren und vorübergehend schlagartig das Misstrauen erhöhen. Doch ist ein solches Aufbrechen von Geheimnissen im Grunde die Entwicklung von Vertrauen. Denn nur das gewachsene Vertrauen erlaubt die Offenlegung. Zwiegespräche sind ein vertrauensbildendes Verfahren.

16. Angstfähig werden

Wer die seelische Sicherheit des Vertrauens innerhalb der Beziehung und in sich selbst entwickelt, kann Ängste zulassen. Er wird dadurch angstfähiger. Angstfähigkeit gehört zu einer der bedeutendsten seelischen Eigenschaften. Sie erlaubt – ähnlich wie beim Empfinden von Schmerzen, die viel Unheil verhüten –, innere oder äußere Bedrohungen wahrhaftiger wahrzunehmen und sich nicht blind zu überfordern.

17. Dialogfähig werden

Zwiegespräche sind ein unbegrenzter Dialog. Durch übendes Erleben lernen wir in tausendfachen Fassetten, einen Dialog zu führen, auszuhalten, nicht abzubrechen. Was alle Politiker von der Bevölkerung fordern und sie selbst auch nötig haben, eben dialogfähig zu werden, kann verständlicherweise am besten in einem kontinuierlichen gemeinsamen Gespräch zu zweit erlernt werden.

18. Konfliktfähig werden

Erkenne ich meine eigenen wesentlichen Bedürfnisse und die meines Partners – so wie er es seinerseits auch erlernt –, geraten wir wohl oder übel in einen Konflikt. Denn deine Bedürfnisse müssen nicht meine Bedürfnisse sein. In dem Augenblick, in dem ich jedoch ein seelisches Reifeniveau erreicht habe, in dem ich die Bedürfnisse des Partners als den meinen gleichrangig anerkenne, lerne ich auch die dadurch entstehende Konfliktspannung freundlicher auszuhalten. Es gehört zu den Grundschwächen modernen Paarlebens, dass die Partner nicht in der Lage sind, über längere Zeit ruhig einen Konflikt vor Augen zu halten. Letztlich beruht diese Ungeduld darauf, dass uns sehr häufig die Erfüllung der eigenen Bedürfnisse untersagt wurde: «Kinder mit 'nem Willen kriegen was auf die Brillen.» Jede Konfliktspannung wird daher mit einer schnellen Anpassungsbereitschaft, die Bedürfnisse des anderen zu erfüllen, vermieden. Im Zwiegespräch lernt man, dass Unterschiedlichkeit der Bedürfnisse und damit Konflikte kein Todesurteil sind.

19. Kompromissbereitschaft

Es gibt lebendige und faule Kompromisse. Der Unterschied ist klar. Faule Kompromisse entstehen, wenn die Bedürfnisse einer Seite unterschlagen werden, sei es, indem man die eigenen Bedürfnisse zurückstellt und im Sinne einer Anpassung nur noch den Bedürfnissen des anderen folgt, wie es beispielsweise die selbstlose Mutter den Kindern gegenüber tut, oder indem man mit dominantem Auftreten seine eigenen Bedürfnisse durchzusetzen versucht, also einen ellenbogenkräftigen Egotrip einschlägt. Der lebendige Kompromiss entsteht dann, wenn das Paar erreicht, die Konfliktspannung aufrechtzuerhalten und die Bedürfnisse des einen und des anderen als gleichrangig zu betrachten. Wenn es dem Paar dann gelingt, beide Bedürfnisse zu gemeinsam gleichen Teilen – nicht immer hundertprozentig – zu realisieren, lernen die Partner die Bereitschaft zu lebendigen Kompromissen.

20. Flexibler werden

Seelische Flexibilität gilt als Kernmerkmal seelischer Gesundheit (Lawrence Kubie), im Kontrast zur Fixiertheit, wie es beispielsweise bei sexuellen Festlegungen in der genannten Perversität oder bei Zwangsimpulsen besonders offenkundig wird. Flexibilität heißt Vielseitigkeit, innere Verschieblichkeit, Variationsreichtum. Flexibilität hängt auch mit offener Genussfähigkeit zusammen: Kann ich das eine nicht genießen, so finde ich leichter einen anderen Genuss. Daraus ist zu sehen, dass Flexibilität auch mit der «Verschieblichkeit der Libido» zusammenhängt. Das Lustleben folgt diesem Prinzip leichter Verschieblichkeit bis hin zur Sublimierung: Ist uns die konkrete körperliche Liebe – aus welchen Gründen auch immer – verlegt, so genieße ich es, ein Liebesgedicht zu machen. Das wäre ein Beispiel für die Verschiebung der Libido auf die künstlerische Tätigkeit.

21. Kreativ werden

Der immer größere innere Zusammenhang von Vorgängen und Empfindungen, die man bislang nicht in Beziehung sah, die Vertiefung und Erweiterung der Beziehung, die immer deutlichere Wahrnehmung der Bedürfnisse des anderen, machen schließlich die Beziehung kreativer. Beide erkennen, was sie aus ihrer Beziehung wirklich machen können. Ein größeres inneres Beziehungsnetzwerk zwischen den unterschiedlichen Anteilen des eigenen Selbstes und des Selbstes des Partners, gemeinsam mit erhöhter Verschieblichkeit der Libido, sprich mit erhöhter innerer Flexibilität, fördert die Kreativität. Stavros Mentzos spricht von der Entfaltung der inneren Kommunikation.

22. Erotischer werden

Entdecken innerer Verhältnisse einschließlich innerer Konflikte, Erhöhung der Konflikfähigkeit mit größerer Kompromissbereitschaft, Abbau des Misstrauens, Erhöhung der Einfühlung und der Vertiefung der Beziehung, vor allem aber die zunehmende Gewissheit, dass man mit Reden und Zuhören den Kreislauf einer Beziehung aufrechterhalten kann, mit Hilfe dessen ankommende Probleme auch eine realistische Chance haben, gelöst zu werden – das alles fördert die Erotik des Paares. Vielen Paaren ist die Wirkung eines Zwiegesprächs auf das erotische Empfinden sehr geläufig. Aus unerfindlichen Gründen haben sie plötzlich Lust, nach dem Zwiegespräch miteinander zu schlafen. Zwiegespräche sind das bedeutendste seelische Aphrodisiakum, heißt es oft im Erfahrungsaustausch der Zwiegesprächsnetze, unseres «natürlichen Laboratoriums» von etwa tausend Paaren. Die Èntschlüsselung ist einfach: Innere und äußere Konfliktspannungen werden abgebaut, die Einfühlungsfähigkeit nimmt zu, die Selbstgestaltung, Beziehungsgestaltung und Kreativität nimmt zu – und sei es auch nur millimeterweise. Das alles gibt eine größere seelische Hoffnung und Energie, ein Vertrauen in die Beziehung, eine innere Offenheit, die die erotische Anziehungskraft steigert. Wer sich aber erotischer erlebt, hat auch mehr Lust, mit dem anderen zu reden: Selbstverstärkerkreis der Erotik. Erotischer Glückskreis.

23. Wechselseitige Sympathie

Eine alte sozialpsychologische Erkenntnis sagt: Je mehr sich zwei Menschen kennen, desto sympathischer werden sie sich. Die wechselseitige Sympathie kommt zur erotischen Anziehung noch hinzu. Sympathie heißt Mitfühlen im ursprünglichen Sinne. Hier wächst die Zuneigung wahrscheinlich einfach deswegen, weil es einem gelingt, sich viel stärker mit dem anderen zu identifizieren, und man mehr Anknüpfungspunkte für eine Beziehung beim anderen entdeckt.

24. Mitfühlend werden

Erst, wenn ich mich in den anderen einfühlen kann und ihn wirklich anerkenne, kann ich mit ihm fühlen. Ich werde ein Mitfühlender im Kontrast zu einem distanzierten, kühlen Partner. In einer depressiven Stimmung kann ich mit dieser depressiven Stimmung schwingen und muss nicht gleich handelnd versuchen, das Elend abzustellen.

25. Geduldiger werden

Erst im Zwiegespräch beginnt man zu erkennen, dass seelische Entwicklungsprozesse ihre Zeit brauchen. Da man aber auch wirklich erfährt, dass eine Entwicklung – beispielsweise das Zuhörenlernen, das Nicht-mehr-Kolonialisieren, das Sprechenkönnen – wirklich zunimmt, wird man geduldiger. Man lernt auch die unterschiedlichen seelischen Geschwindigkeiten zu akzeptieren, die oftmals zwischen Partnern zu Spannungen und Missverständnissen führen.

26. Realistischer werden

Nimmt man sich selbst wahr in seinen Möglichkeiten, aber auch in seinen Grenzen, versteht man den Partner wirklich so, wie er sich fühlt, kann man sich an die besondere Wirklichkeit seiner selbst und seines Partners anpassen: Man wird realistischer. Das bedeutet einerseits, dass die Bäume nicht in den Himmel wachsen, andererseits aber, dass sich alle möglichen Chancen öffnen, die man zuvor gar nicht im Blickfeld hatte. Mit anderen Worten: Man lebt mehr und mehr sich selbst gemäß.

27. Abbau des allzu strengen Gewissens

Anna Freud, die Tochter Sigmund Freuds, nannte die psychoanalytische Therapie eine «Überich-Zersetzungsarbeit». Wenn auch nicht so professionell und gezielt, wie es eine Psychoanalyse vermöchte, wirken sich jedoch länger dauernde Zwiegespräche in demselben Sinne aus, sofern man die stärkste Anfangsbarriere, nämlich das wechselseitige Vorwurfsduell, einmal ausgehalten und durchschritten hat. Vorwürfe gegen den anderen entsprechen Selbstvorwürfen, die man nach außen gedreht hat. Dreht man auf diese Weise den Spieß um, so bewirkt man beim Partner ein ähnliches Verhalten. Vorwurfsduelle drainieren einen hohen inneren Gewissensdruck, der verständlicherweise entsteht, wenn man beginnt, sich in den Zwiegesprächen auf sich selbst einzulassen. Das Ansteigen der Überich-Spannung bewirkt leider häufig eine vehemente Form des Widerstands: «In diese Inquisition gehe ich nicht.» 80 Prozent aller Lustlosigkeit Zwiegesprächen gegenüber entsteht durch das Ansteigen unbewusster Schuldgefühlspannung. Empfehlenswert ist, dass man dann die Lustlosigkeit und die negativen Empfindungen offen miteinander bespricht, da sich bald hinter ihnen die Schuldgefühle zeigen werden. Auf diese Weise kann das archaische, atavistische Überich abgebaut werden. Die moralische Haltung nimmt ab und weicht der verstehenden Haltung. Ganz besonders brisant wird das angesichts aushäusiger Verliebtheiten. Das Paar begreift nach und nach, dass hier nicht einer schuld ist, sondern beide unbewusst ein solches Ereignis bewirkt haben.

28. Einsicht gewinnen

Indem ich mich selbst besser wahrnehme, sehe ich nach und nach innere Vorgänge in einem Zusammenhang, der mir zuvor verschlossen blieb. Dieses Wahrnehmen innerer Zusammenhänge führt zu Einsichten, beispielsweise in innere Konflikte, und in die Genese dieser Konflikte. Der Einsichtsgewinn erlöst. Die inneren Spannungen nehmen ab. Gleiches geschieht in Hinblick auf den Partner. Ich kann plötzlich einsehen, woher die Konflikte mit ihm kommen. Einsicht ist das entscheidende Moment für Selbstveränderung.

29. Lebendiger werden

Innere Lebendigkeit verstärkt sich durch die Vitalisierung während der Zwiegespräche. Die innere Freiheit nimmt zu, die innere Angst wird nach und nach abgebaut, statt Konfliktlosigkeit wird Konfliktfähigkeit zum inneren Ideal, praktisch alle Wirkungen, die zuvor genannt wurden – nicht zuletzt die der Kreativität und Selbstgestaltung –, bewirken eine lebhaftere innere Verknüpfung, eine spontanere Reaktionsfähigkeit und eine Lust, sich selbst zu leben.

30. Selbstbewusster werden

Von der ersten Minute an steigt das Bewusstsein seiner selbst und noch mehr: das Selbstbewusstsein. Jeder gewinnt Sicherheit im Umgang mit sich selbst und mit dem anderen, im Umgang mit schwierigen Situationen. Er durchsteht Krisen und Konflikte, er findet Kompromisse und lernt sich selbst immer besser kennen. Er nimmt mit der Selbstwahrnehmung seine eigenen Fähigkeiten wahr und kann sich im ständigen Training der Zwiegespräche stärker auf sich selbst verlassen. Kurz: Die Selbstsicherheit, das Selbstbewusstsein steigt.

31. Entscheidungsfähiger werden

Zwiegespräche fordern praktisch in jeder Minute eine kleine oder größere Entscheidung. Schon die Entscheidung, was ich jetzt als Nächstes von dem, was mich am stärksten bewegt, aufgreife, ist an Entscheidungen gebunden. Das übende Erleben in der Beziehung zu sich selbst, die Konfliktfähigkeit und Kompromissbereitschaft, vor allem aber die ständige Notwendigkeit, sich im Strome der Beziehung zu entscheiden und Stellung zu beziehen, lässt eine Entscheidungsfähigkeit heranwachsen, die es vorher nicht gab.

32. Handlungsbereiter werden

Ein großes Manko vieler Psychotherapien liegt darin, dass sie zwar Einsichten vermitteln, jedoch weder Reichweite noch Instrumentarium haben, wie diesen Einsichten Taten folgen sollen. Ein Paar, das auch sonst im Leben miteinander lebt, ist in einem ganz anderen Kontext als beispielsweise eine Zweierbeziehung zwischen Analytiker und Analysand. Das Paar gewinnt Einsichten und sieht sich selbst dann auch im alltäglichen Handlungsraum. Es ist viel mehr gezwungen und fühlt sich auch viel stärker motiviert, die Einsichten in Taten umzusetzen. Den inneren Entschlüssen folgen hier wirklich die Taten. Die Menschen werden handlungsfähiger.

33. Politischer werden

Erhöhtes Selbstbewusstsein, Entscheidungsfähigkeit und Handlungsbereitschaft machen das Fundament einer politischen Fähigkeit aus. Das bedeutet, dass Menschen sich in größeren Zusammenhängen nicht nur wahrnehmen können, sondern dort auch tätiger eingreifen können.

34. Toleranter werden

Zwar ist die wechselseitige Anerkennung, wie oben gesagt, erheblich weitgehender als die wechselseitige Toleranz, dennoch nimmt die Toleranz der Andersartigkeit des anderen gegenüber auch zu, gleichsam als ein Übergangsphänomen bis zur wirklichen Anerkennung. Ich dulde nämlich, mir unverständliche, mich vielleicht so empörende Verhaltensweisen des Partners deswegen viel mehr als sonst, weil ich in den Zwiegesprächen schon von vornherein davon auszugehen gelernt habe, dass der andere für seine Art, sich zu verhalten, ebenso gute Gründe hat, wie ich sie für meine habe.

35. Gute Laune gewinnen

Gute Laune ist nicht gerade ein Hauptforschungsgegenstand der Psychologie. Sie wird wie Glück und Pest gemieden. Die Psychologieprofessorin Andrea Abele hat sich dem Phänomen aber doch zugewandt. Eine gemeinsame Entspannung und die Gewissheit einer gemeinsamen guten Entwicklung fördern verständlicherweise die gute Laune. Gute Laune ist für sich schon schön und macht das Leben lebenswerter, darüber hinaus aber sorgt sie noch für eine interessante doppelte Steigerung der Konfliktfähigkeit: Sowohl einfache logische Konflikte (Ich bin nicht du und weiß dich nicht) wie auch komplexe Konflikte (Wir sind zwei Gesichter einer Beziehung und sehen es nicht) werden bei guter Laune deutlich besser gelöst als ohne sie.

36. Gesünder werden

Die Opening-up-Forschung hat ergeben, dass auf psychoneuroimmunologischem Wege Menschen, die selbstoffen sind, sich so sehr von psychischen Belastungen befreien können, dass sie auch körperlich gesünder werden – im Wesentlichen durch eine Stabilisierung und Aktivierung des körperlichen Immunsystems.

37. Glücklicher werden

Sämtliche Untersuchungen über glückliche und unglückliche Beziehungen ergeben, dass die glücklichen Partnerschaften durch einen wesentlichen wechselseitigen Austausch bedingt sind. Wer also mehr und wesentlicher miteinander spricht, wird glücklicher. Reden ist die Grund- und Hauptbedingung für das Glück der Beziehung.

38. Geborgenheit

Zwiegespräche haben eine innere Struktur, die exakt der Beziehung einer «genügend guten» Mutter (ein Ausdruck des britischen Psychoanalytikers und Kinderarztes Donald Winnicott) zu ihrem Kind entspricht. Im Zwiegespräch kommt es daher ständig zum Wiederauferstehen der guten Mutter-Kind-Beziehung, die durch Unaufdringlichkeit, Zuwendung, Anerkennung und spontane und angemessene Reaktion gekennzeichnet ist. Die Heilwirkung – im seelischen und körperlichen Sinne – der Zwiegespräche beruht auf dieser Sicherheit bietenden Beziehung.

Das Beziehungsfenster

«‹Was ist herrlicher als Gold?›, fragte der König.
‹Das Licht›, antwortete die Schlange.
‹Was ist erquicklicher als Licht?›, fragte jener.
‹Das Gespräch›, antwortete diese.»
GOETHE, «DAS MÄRCHEN»

Kommt ein Paar zu mir, versuche ich die offene Situation einerseits mit ihren freien Einfällen zu belassen, andererseits möchte ich einen Gesamtüberblick gewinnen, der das, was im Einfall aufkommt, gleichzeitig auch in einen großen Zusammenhang stellt.

So entwickelt sich das Gespräch in sechs Stufen:

1. Was führt Sie zu mir?

Diese meine erste Frage zielt darauf ab, in einem unstrukturierten offenen Raum zu hören, was der eine und was der andere als Motivation seines Kommens ansieht. Gleich hier bietet sich die erste Gelegenheit zu erfahren, dass Mann und Frau dieselbe Situation sehr unterschiedlich erleben, dass es also für ein Paar darauf ankommt, mit einer doppelten Realität, mit der zweifachen Erlebniswirklichkeit, zurande zu kommen und nicht mehr an einer einzigen Realität festzuhalten.

2. Wie erleben Sie Ihre augenblickliche Beziehung?

Jeder bringt sein Erlebnisbild der aktuellen Beziehungslage, die sehr häufig (Schätzwert: 75 Prozent der Fälle) als gänzlich unterschiedlich sich entpuppt. Die Paare lernen also wieder, dass sie unterschiedlich erleben und sich im Grunde sagen müssen: «Meine Beziehung ist nicht deine Beziehung, obwohl es keine andere ist.»

3. Die ersten drei Minuten

Nun hat sich diese aktuelle Beziehungslage (Situationsanalyse) in der Geschichte des Zusammenseins – oftmals über Jahrzehnte – entwickelt. Sie ist also ein Symptom der Beziehungsgeschichte. Doch diese Beziehungsgeschichte hat ihren Ursprung im Moment der wechselseitigen Verliebtheit, den ich «die ersten drei Minuten» nenne. Es können natürlich auch die ersten drei Tage, drei Wochen, drei Monate sein. Diese Zeit der Verliebtheit strukturiere ich nun deutlich – aus einem bestimmten Grund: nämlich um aus ihr das wirklich positive Element, das Potenzial dieser Paarbeziehung herauszufiltern. Mann und Frau sollen sich also fokussieren auf die drei seelischen Qualitäten, die nach ihrem Erleben zur Verliebtheit führten: «Was faszinierte Sie am Partner besonders?» Vielleicht gibt es etwa zwanzig positive Eigenschaften, die man wechselseitig in einem Paarleben wahrnimmt. Es geht hier nur um die drei entscheidenden Qualitäten. Das ergibt in der Regel sechs sehr positive Momente. Dann erhält das Paar den Auftrag, die damalige Verliebtheitsbeziehung mit anderen Beziehungen im eigenen Leben oder im Leben von Freunden und Bekannten zu vergleichen und die drei wichtigsten positiven Beziehungsqualitäten zu benennen. Insgesamt bildet das «die goldene Neun» (oder Zwölf).

Fast immer ist diese seelische Erkundungsarbeit neu für die Paare und faszinierend. Sie stehen plötzlich vor der idealen Seite ihrer Beziehung, die sie einstmals wirklich erlebt hatten. Und tatsächlich ist das ihr realistisches Potenzial, über das nur dieses Paar wirklich verfügt.

Es gibt einen wesentlichen Erkenntnisgewinn aus dieser Selbstentdeckung: Welche Lebens- und Liebesbedingungen waren dem Paar zur Verliebtheitszeit vom Zufall geschenkt worden, die heute weniger oder gar nicht mehr vorhanden sind?

4. Beziehungsgeschichte

Aus dieser Quelle gestärkt, betrachten beide Partner jetzt – jeder für sich und an die Unterschiedlichkeit inzwischen gewöhnt – ihre Beziehungsgeschichte und stellen sie dar. Manchmal gibt es einschneidende Ereignisse, die diesen Flusslauf unterbrechen und verändern, manchmal gibt es ein Kontinuum, das durch innere Ambivalenzen geprägt ist, manchmal erleben Mann und Frau die Entwicklung der Beziehung völlig unterschiedlich. Kinder, Arbeitsplatzwechsel, Arbeitslosigkeit, Beförderungen, schwere Krankheiten, Verlust wesentlicher Menschen – all das spielt natürlich in die Beziehungsgeschichte hinein. Vor allem aber der Prozess der Verödung durch Sprachlosigkeit.

5. Welche Lebens- und Liebesbedingungen waren in der Verliebtheitsphase gegeben?

«Und wenn du mein Mann nicht wärest,
wie sehr würde ich mich sehnen, eine Liebschaft
mit dir anzufangen.»
Die 43-jährige Bettina von Arnim in einem Brief
an ihren Mann Achim nach 18 Jahren Ehe
und sieben gemeinsamen Kindern
am 14.7.1829

Der zentrale Erkenntnisgewinn aus der Erkundung der ersten Minuten und aus der Beziehungsgeschichte ergibt sich durch ihren Vergleich. Welche Liebesbedingungen, die einst gegeben waren und die Verliebtheit zum Blühen brachten, sind heute abhanden gekommen? Um diese verlorenen Bedingungen geht es vor allem.

Denn daraus lässt sich eine architektonische Aufgabe für das Paar ableiten: Was uns einst in den Schoß fiel, ja vielleicht die Verliebtheit zu diesem Zeitpunkt überhaupt möglich machte, müsste nun vom Paar aktiv und bewusst in den Alltag der Beziehung eingebaut werden, sodass die goldenen Momente nicht mehr verschüttet sind, sondern wieder glänzen. Tatsächlich habe ich bei vielen Paaren erfahren, wie sogar ihre Verliebtheit wieder aufkam, nachdem ihnen dieses architektonische Werk gelungen war.

6. Kindheitsgeschichte

Beide Partner werden dann aufgefordert, ein Telegramm ihrer Kindheit zu entwerfen. Auch das strukturiere ich, da sich die Einzelnen oftmals sehr ungeordnet verlieren. Ich glaube also in diesem Augenblick der ersten Begegnung nicht ausschließlich an den konstruktiven Beitrag unbewusster Einfälle und habe mir angewöhnt, gezielt nach Folgendem zu fragen, weil es für das Paarleben von entscheidender Bedeutung ist: die emotionale Beziehung zur Mutter, zum Vater, das Erlebnis der Eltern-Beziehung, die emotionale Beziehung zu den Geschwistern (falls vorhanden) und zu weiteren wichtigen Bindungspersonen.

Es wird sehr schnell deutlich, dass sich diese Bindungen manchmal fast fotografisch in der aktuellen Beziehung wiederholen. Es gibt Mutterbeziehungen von beiden Seiten. Es gibt Beziehungen zu Vaterfiguren. Es gibt Vaterverlustbeziehungen. Es gibt Geschwisterbeziehungen. Der Variantenreichtum ist ungeheuer. Jede Beziehung ist wie jeder Mensch einzigartig und nicht mit einer anderen gleichzusetzen.

Dieses Vorgehen könnte auch als psychoanalytisches Instrument Paaren, die sich miteinander auf diese Weise austauschen, empfohlen werden. Man gewinnt dadurch außerordentlich viel an Erkenntnis, die man ein Leben lang gar nicht im Blick hatte.

«Michael Lukas Moeller hat durch seine genauen Anleitungen,
wie solche Gespräche zu führen sind, eine neue Kultur geschaffen,
Rituale, die in unserer modernen Zeit ja häufig fehlen
bei der Bewältigung des Alltags.
Das ist eine ganz besondere Kunst: sich einzufühlen in
wichtige Bedürfnisse einer Gesellschaft
und diese nicht nur zu benennen,
sondern auch Formen zu finden,
wie man ihnen begegnet.»

EVA JAEGGI

Paarbrief Sieben

Quartett des unbewussten Paarlebens

dyalog
Fortbildung in Partnerschaft
• Paardynamik
• Konfliktfähigkeit
• Beziehungskompetenz

Frankfurt, den 12.09.2002

Liebe Paare,

die bedeutendste Einsicht in das Paarleben lautet für mich:

„Unbewusstes erkennt Unbewusstes irrtumslos"

Sie hat wohl die weitestreichenden Folgen für den Paaralltag. Beispielsweise: Die Partnerwahl hat sich nicht geirrt, sondern etwas Zentrales getroffen – was meinem Bewusstsein vielleicht entgeht. Oder: Es gibt im Grunde keine Geheimnisse, denn alles ist bereits ausgetauscht, bevor es im Wort mitgeteilt wird.

Die nächstwichtige Einsicht ist die aus Hypnoseversuchen gewonnene Erkenntnis:

„Etwa ein Zehntel des Paarlebens kann einem bewusst werden,
neun Zehntel bleiben unbewusst (oder vorbewusst)"

Das Paarleben wird also vor allem unbewusst gesteuert, das Bewusstsein umfasst nur einen kleinen Raum. Zwei möchten sich vertragen, aber das Unbewusste will die noch nicht erledigten Streitlagen mit der Mutter reinszenieren; so kracht es. Die geheime Absicht einer aushäusigen Verliebtheit ist nicht Betrug, wie das Bewusstsein es sieht, sondern ein Emanzipationsversuch zu zweit.

Die dritte entscheidende Einsicht darf nicht vergessen werden. Die meisten von Ihnen kennen sie und denken in Auseinandersetzungen nicht gern daran:

„Alles, was im Paarleben geschieht, ist zu zweit gemacht"

Auch das eigene Selbst, wenn sie längere Zeit gemeinsam gelebt und sich entsprechend entwickelt haben. Das unbewusste Zusammenspiel hat für uns ein doppeltes Gesicht: Wir schätzen es ausserordentlich, wenn es um Erfolge des Partners geht; denn so haben wir daran ja mitgewirkt, etwas Glanz fällt auch auf uns. Wir wehren es aber radikal ab, wenn der andere sich wieder einmal ekelerregend benimmt; das sei ausschliesslich sein Mangel, meinen wir. Die Kollusion aber heisst: Ich fühle so, wie ich fühle, solange du so fühlst, wie du fühlst. Mein Entscheiden, Verhalten, Denken und Träumen ist unzertrennlich verwoben mit dem, was in dir geschieht. Wir sind zwei Gesichter einer einzigen Beziehung und sehen es nicht. Ein isoliertes Ich mit einem isolierten Du gibt es nicht.

Die vierte Einsicht schließlich lautet:

„Das Unbewusste vergisst nichts".
Alles Erlebte bleibt bewahrt – auch im Paarleben. Sage ich meinem Partner, der von einer vergangenen Kränkung spricht, das sei doch „Schnee vom vorigen Jahr", so irre ich mich; denn alle alten Erinnerungen sind exakte Illustrationen für die augenblickliche unbewusste Beziehungslage, in diesem Falle eben eine Kränkung.

Diese vier Einsichten bilden das Quartett des unbewussten Paarlebens. Sie sind nicht nur massgeblich für das Zweiergeschehen. Sie bleiben auch in vielen Paartherapie-konzepten unbeachtet.

Herzlich
    Ihre

Michael Lukas Moeller   Célia Maria Fatia

Organisationsbüro: Brigitte Riedel
Ronneburgstraße 24, 63694 Limeshain
Tel. 06048 - 95 27 81, Fax 06048 - 95 27 82
www.dyalog.de, e-mail: a.b.riedel@t-online.de

Projektleitung: Célia M. Fatia, M.A.
in Zusammenarbeit mit Prof. Dr. med. Michael Lukas Moeller
Direktor des Institutes für Medizinische Psychologie am Klinikum
der Johann Wolfgang Goethe-Universität in Frankfurt am Main

Bankverbindung:
Dresdner Bank
BLZ: 500 800 00
Konto-Nr: 03 717 112 01

5
Ouvertüre
und Leitmotiv

Wie ein Paar Einblick in
die eigene Beziehung gewinnen kann

Themenzentriertes Zwiegespräch
von Bettina und Andreas

«Zwiegespräch. Das Zwiegespräch ist das vollkommene
Gespräch, weil alles, was der eine sagt, seine bestimmte Farbe, seinen Klang,
seine begleitende Gebärde *in strenger Rücksicht auf den anderen*,
mit dem gesprochen wird, erhält [...]
Beim Zwiegespräch gibt es nur eine einzige Strahlenbrechung des Gedankens:
diese bringt der Mitunterredner hervor, als der Spiegel,
in welchem wir unsere Gedanken möglichst schön wiedererblicken wollen.
Wie aber ist es bei zweien, bei dreien und mehr Mitunterrednern?
Da verliert notwendig das Gespräch an individualisierender Feinheit,
die verschiedenen Rücksichten kreuzen sich, heben sich auf; die Wendung,
welche dem einen wohl tut, ist nicht der Sinnesart des andern gemäß.
Deshalb wird der Mensch im Verkehr mit mehreren gezwungen,
sich auf sich selbst zurückzuziehen, die Tatsachen hinzustellen, wie sie sind,
aber jenen spielenden Äther der Humanität den Gegenständen zu nehmen,
welcher ein Gespräch zu den angenehmsten Dingen der Welt macht. [...]»
NIETZSCHE, «MENSCHLICHES, ALLZUMENSCHLICHES»,
ERSTER BAND, 374

Wie erleben wir
unsere augenblickliche Beziehung?

ANDREAS: Ich bin eigentlich ganz glücklich, doch heute Morgen habe ich mich etwas kolonialisiert gefühlt, als du sagtest, dass ich so zornig wäre wie ein kleiner Junge mit seiner Mutter. Das finde ich manchmal zu behauptend von dir. In der Beziehung fühle ich mich ein bisschen, als ob ich immer alles machen müsste, wie du es gerne hättest. Ich sage das jetzt mal so. Aber ansonsten, denke ich, haben wir eigentlich eine sehr schöne Beziehung, und ich bin sehr glücklich, und ich fühle mich hier auch wohl in unserem Häuschen.

BETTINA: Ja, das geht mir eigentlich auch so. Heute Morgen war es nur ein Gedanke, der mich beschäftigt hat. Anknüpfend an das Zwiegespräch gestern, in dem du vom Zorn auf die Mutter erzählt hattest. Das hat mich sehr berührt. Da hat es in mir weitergedacht, und das wollte ich dir einfach nochmal mitteilen. Es hat mich entlastet; denn ich dachte, vielleicht brauche ich es gar nicht unbedingt auf mich zu beziehen, wenn wir miteinander rumzuchteln. Ich kann dann vielleicht für mich einfach sagen, vielleicht meinst du mich jetzt nicht hundertprozentig. Und das wollte ich einfach nochmal mitteilen, das hat mich sehr berührt.

ANDREAS: Ja, aber das hat mich auch wieder getroffen. Es ist ja auch Wahres an der Geschichte dran. Wie ich mich erlebe in der Beziehung zu dir und wie ich mich erlebt habe in der Beziehung zu meiner Mutter – das kann schon Ähnlichkeiten haben. Auch mit meiner Mutter habe ich rumgezuchtelt wie mit dir. Da habe ich mich auch oft kolonialisiert gefühlt. Es ist nicht immer nur so positiv, wie ich das in der Beziehung zu meiner Mutter so gerne erinnere.

Gut, jetzt geht es mir schon etwas besser, weil wir es angesprochen haben.

BETTINA: Ansonsten verändert sich für mich die augenblickliche Beziehung schon durch die Tatsache, dass wir jetzt ein

Baby erwarten. Da mache ich mir auch viele Gedanken, wie das sein wird. Einerseits fühle ich mich fast unangreifbar, total wohl, andererseits auch empfindlich und angreifbar, schutzbedürftig. Das sind zwei gegensätzliche Gefühle. Einerseits möchte ich, dass du mehr auf mich achtest, aufmerksam bist und mich versorgst. Ich habe ein verstärktes Schutzbedürfnis. Und auf der anderen Seite fühle ich mich im Moment unheimlich gut und total glücklich, dass es jetzt so gekommen ist. Ich stelle mir vor, wie wir das gemeinsam erleben und wie sich unsere Beziehung verändert. Ich glaube, sie wird sich schon ziemlich verändern, durch ein Kind.

ANDREAS: Ja, ich bin auch im Konflikt. Einerseits will ich mich jetzt nicht zu früh freuen und abwarten, ob alles klappt. Es ist ja noch recht frisch. Ich will auch gerne für dich da sein. Ich fühle mich auch manchmal…, ja… minderwertig, wenn ich es nicht schaffe, dich zufrieden zu stellen. Denn natürlich bin ich auch gerne der ideale Mann, der einer schwangeren Frau das Leben so angenehm wie möglich gestaltet.

Aber dabei muss ich aufpassen, auch an mich denken zu können. Das ist dann auch wieder so ein Thema von mir: Ich übernehme mich für dich, komme unbemerkt selbst zu kurz und reagiere dann aus Trotz heraus so stark dagegen, dass ich nur noch an mich denke.

Die ersten drei Minuten

BETTINA: Vielleicht können wir mal zu den ersten drei Minuten kommen?
Die ersten drei Minuten mit dir habe ich ja am Telefon erlebt. Du hattest mich angerufen, weil du die Freizeit bei der Sportjugend betreut hast, und ich war Teilnehmerin. Ich hatte gerade mein Abitur gemacht, und meine Eltern haben mir die Reise, die ich mir gewünscht habe, zum Abitur ge-

schenkt. Es war eine Radfreizeit, die Milia Romana. Du hattest mich deswegen angerufen. Das war für mich schon ein Erlebnis. Ich dachte: Huch, was ist denn das für ein Kerl? Du warst so lustig am Telefon. Ich hatte aufgelegt und war irritiert. Und ich dachte: Ich bin gespannt, was das für ein Typ ist. Es war nicht nur total positiv. Ich war echt irritiert. Du warst so lustig und hast so merkwürdige Worte gebraucht.

ANDREAS: Daypack!

BETTINA: Genau! Vom Rucksack hast du als Daypack gesprochen... Was ist denn das für ein Kerl!

Aber ich fand es total nett, dass du persönlich angerufen hast, alle Teilnehmer, das war mir total sympathisch. Und dann habe ich mich auch gefreut, weil wir nur sechs Teilnehmer waren und zwei Betreuer. Das war ja wirklich Intensivbetreuung in Anführungszeichen. Ich hatte mich zwar nicht mehr als so betreuungsbedürftig gesehen, ich wollte einfach wegfahren. Und das war mit so einem Programm ganz angenehm, so alleine wegzufahren.

Das waren meine ersten drei Minuten. Dann habe ich dich bei der Abfahrt wieder gesehen. Da fand ich schön, wie engagiert du warst.

Was mir noch gut an dir gefällt, ist deine aufgeschlossene Art fremden Leuten gegenüber. Deine sympathische Art. Obwohl ich es eben auch noch ein bisschen komisch, irritierend fand. Das habe ich so noch nicht gekannt.

Auf der Freizeit hat mir gut gefallen, dass ich mit dir gut reden konnte. Ich habe gleich gemerkt, du bist ein reflektierter Mann. Ich habe dir irgendwann mal einen Traum erzählt, und darauf hast du nach meinem Empfinden unheimlich gut reagiert. Du fandest es gar nicht komisch, dass ich das jetzt erzähle. Das hat mich schwer beeindruckt. Und es hat mir sehr gefallen.

Dann hatten wir so einen Massage-Kuschel-Tag vereinbart. Du hast sofort mitgemacht, wir haben es uns gemütlich gemacht, mit Kerzen und allem Drum und Dran, und es war überhaupt nicht übergriffig. Du hattest so was ganz Liebenswertes für mich. Ich hatte auf einmal ganz stark das Gefühl, dass ich dich gern haben könnte. Ja, so ganz liebenswürdig und gar nicht plump.

Ich habe mich dann schon langsam in dich verliebt, aber habe auch gemerkt, du würdest dich jetzt nie auf was einlassen, weil du ja in einer ganz anderen Rolle da bist. Und das hat mir auch imponiert. Ich dachte einerseits: Na ja, ich bin jetzt auch volljährig usw. Aber irgendwie hat es mir doch imponiert, dass du das nicht so einfach machen würdest.

Wir haben aber schon auf der Rückfahrt, an einem Abend, zusammengesessen und haben uns ganz lange unterhalten. Das war für mich eine ganz wichtige Eigenschaft, dass ich mich mit dir so richtig gut unterhalten konnte. Das ist mir auch in dem Maße mit anderen Männern noch nie so gegangen. Am Anfang, da hat man sich zwar auch unterhalten, dann aber kam schnell das Gefühl auf: Hach, das ist irgendwie anstrengend oder kompliziert.

Auf einmal habe ich bei dir gemerkt, du findest es richtig gut, dich mit mir so zu unterhalten. Da hatte ich das Gefühl, das ist etwas ganz Besonderes, das will ich nicht mehr loslassen. Und ich machte den Vorschlag, ob wir nicht mal zusammen ins Theater gehen oder so was. Wir haben uns auch ein bisschen gestreichelt...

ANDREAS: Auf der Rückfahrt.

BETTINA: Ja, auf der Rückfahrt. Ich meine, da war dann die Grenze schon überschritten. Die ersten paar Stunden, denke ich, haben wir dort hinten in diesem Bus gelegen und uns gestreichelt. Wenn ich mir das jetzt vorstelle, das ist echt ein Ding!! *(lacht)*

ANDREAS: Ja ja. *(schmunzelnd)*
(beide lachen)

Welche drei Eigenschaften
faszinierten mich an dir so sehr,
dass ich mich verliebte?

BETTINA: Irgendwie hast du auch so gut gerochen so vertrauenswürdig. *(lacht)*
Also ich hatte ganz stark das Gefühl, mit dir kann ich mich entwickeln. Da empfand ich ganz viel Entwicklungspotenzial, und das war mir ganz wichtig. Was ich immer gehasst habe, war Stillstand. Und mit dir hatte ich das Gefühl, ich kann einerseits total viel lernen, weil du ja auch viel älter warst – und immer noch bist… *(lacht)*. Ja, dass mit dir so viel möglich ist. Ich hatte ganz schnell das Gefühl, da ist sehr viel möglich.

ANDREAS: Hast du schon die drei Eigenschaften genannt, oder?

BETTINA: Also einmal, deine offene Art. Dann dieses Redenkönnen mit dir und schon auch die Zärtlichkeit. Also eine liebevolle Zärtlichkeit, nicht so eine übergriffige Zärtlichkeit. Ich hatte nicht das Gefühl, du würdest jetzt über meine Grenzen gehen oder so was. Und die Entwicklungsmöglichkeit mit dir. Also an allererster Stelle steht für mich die Offenheit und das Redenkönnen.
Ich meine, die Entwicklungschance ist nicht eine Eigenschaft von dir, das ist ja schon was, was sich – denke ich mal – zwischen uns abspielt…

ANDREAS: …eine Beziehungseigenschaft.

BETTINA: Ja, eine Beziehungseigenschaft. Vielleicht als drittes Moment deine warmherzige, liebevolle Art.

ANDREAS: Soll ich weitermachen?
Also, ich hatte ganz vergessen, dass ich zuerst bei dir angerufen hatte. Das habe ich auch noch nicht als Teil der Beziehung gesehen, weil ich mich als Betreuer sehr bemüht habe, mich zurückzuhalten. Eigentlich bin ich durch Birte, die andere Betreuerin, auf dich aufmerksam geworden. Sie sagte immer:

«Hier, die Bettina, ist scharf auf dich.»
(beide lachen)
Und ich hatte das gar nicht bemerkt. Einmal, weil ich es mir natürlich verboten habe, weil ich mir gesagt habe: Ich bin Betreuer, und du bist Teilnehmerin. Und das ist eben eine ganz unterschiedliche Sache.

Allerdings habe ich ein bisschen von dir geschwärmt – so, wie ich auch sonst bei Freizeiten ein Mädel nett finde. Aber da würde ich nie irgendwie aktiv werden. Deswegen habe ich mich zurückgehalten.

Aber Schwärmerei war erlaubt. Wir sind ja viel Fahrrad gefahren. Dabei ist mir dein Hintern immer aufgefallen. Das ist halt so beim Fahrradfahren, da guckt man immer nach vorne, wenn man in der Reihe fährt, was wir wegen der Autostraßen oft taten. Da habe ich mir noch gedacht: Ob ich diesen Hintern mal irgendwie näher anfassen werde? Er hat mich angemacht. Wie gesagt, nicht so, dass ich konkret gedacht hätte: Oh, das wäre jetzt Klasse, sondern einfach nur: Es würde mich mal interessieren.

Und ich bin wohl auch etwas schüchtern. Denn Birte hatte immer gesagt: «Hier, die ist scharf auf dich, das merkt man doch», und ich merkte es nicht! Ich bin halt immer etwas zurückhaltend oder auch nicht so sensibel gegenüber solchen Signalen. Ich habe es nicht gemerkt, habe mich aber gefreut, dass Birte es spürte, wie du mir eine Liebe entgegenbrachtest, eine Anerkennung. Und das hat mich auch sehr angemacht, dass du mir eine Wärme entgegenbringst.

Und dann fand ich deine leuchtend blonden Haare ganz toll. Die fand ich wirklich Klasse. Als wir dann später schon zusammen waren, in England, da hast du einmal am Strand nach Fossilien gesucht. Die Sonne schien, und es war so ein weißer Kalksand, und dann haben deine Haare geleuchtet... diese blonden Haare haben geleuchtet, wie eine Laterne. Da war ich sehr stolz, dich als meine Freundin zu haben.

Also, das war mir schon aufgefallen. Einerseits hat mich die

Sexualität mit dir sehr angemacht, besonders, weil ich vorher keine Beziehung hatte, in der ich meine Sexualität wirklich leben konnte. Es war immer sehr problematisch. So hatte ich mir schon eine Frau gewünscht, die zu ihrer Sexualität stehen kann. Ich wollte nicht immer der Entwicklungshelfer sein und alles durchkämpfen müssen. Und dann habe ich gemerkt, dass es mir sehr viel Spaß macht, mit dir zu schlafen und die Sexualität mit dir gemeinsam zu erleben. Du hast für mein Empfinden so ein natürliches Verhältnis zu deiner Sexualität. Du findest es ganz in Ordnung und normal, dass du auch gerne Lust in der Sexualität hast. Und das ist für mich eine Grundvoraussetzung, dass ich auch heiß werde. Wenn eine Frau ihre Gefühle nicht zeigen kann oder nicht zu ihrer Sexualität stehen kann, dann macht es mich auch nicht an. Mich macht es an, wenn eine Frau auch Lust hat und auch kommen kann. Und das fand ich irgendwie sehr faszinierend. Das war vielleicht dieser Blick auf den Hintern. Das hat mich vielleicht schon alles ahnen lassen. Der Po hat mir eine wilde, ungezügelte Sexualität versprochen, die ich mir zu dem Zeitpunkt sehr gewünscht habe. Ich wollte eine Frau haben, die zu ihrer Sexualität stehen kann und das auch als etwas Normales und Richtiges empfindet. Das ergibt sich aus meiner Geschichte. Ich hatte mit Frauen das Problem, dass sie sexuell weniger initiativ waren und ich immer der geile Bock war. Deshalb habe ich mir gewünscht, dass die Frau auch zu ihrer eigenen Sexualität steht. Und ich meine, dass dieser Po diese sexuelle Energie ausgestrahlt hat.

Allerdings hatte ich kurz vorher ein heftiges sexuelles Erlebnis mit Birte, der Betreuerin, deren Sexualität so ungezügelt und wild war, dass ich zu früh gekommen bin. Ich erschien mir gar nicht so potent und habe dann in der Beziehung zu dir wieder meine Potenz in der Sexualität entdeckt, bin dann auch wieder zum normalen Zeitpunkt gekommen, sodass der Po einerseits diese Ungezügeltheit bedeutet, aber andererseits auch die eigene Potenz.

Ja, und dadurch, dass du auch etwas jünger warst und ich diesen Po sehr, sehr mochte, er aber nicht einem Ideal von Modell-Po entsprach, hatte ich auch weniger Angst und konnte mich potenter erleben.

Wenn ich so nachdenke, fällt mir ein, dass meine Mutter auch einen fülligeren Hintern gehabt hat. Ja, und meine Schwester eigentlich auch. Und wenn ich genau überlege, fand ich Frauen doch immer sehr erotisch, die meiner Schwester ähnlich waren. Das ist jetzt bei dir durch die blonden Haare auf den ersten Blick nicht so, aber von deinem Wesen her hast du mich schon an meine Schwester erinnert. Als wir dann miteinander geschlafen haben, habe ich gemerkt: Ach, mit dir ist alles auf einmal konfliktfrei, unproblematisch. Das hat unheimlich gut miteinander harmoniert, und ich war selber beruhigt über mich, dass ich doch normal bin, dass es doch in Ordnung ist und ich kein Versager bin, der eine Frau nicht befriedigen kann. Du hast mir also sehr gut getan.

Die blonden Haare hatten übrigens klar etwas Sexuelles, und besonders lange Haare habe ich damit immer verbunden: Dass eine Frau sich gehen lassen kann und dass sie sich um sich selber kümmert und sich selbst annimmt. Das macht mich an, wenn ich merke, die Frau ist selbstbewusst in ihrer Erotik und kann sich nehmen, was sie für sich braucht. Diese blonden Haare haben dieses Sich-um-sich-selbst-Kümmern ausgestrahlt. Das ist eine Liebesbedingung für mich: Sie strahlen ein Selbstbewusstsein aus in deiner Weiblichkeit. Es hatte etwas Starkes, Kräftiges. Vielleicht hatte ich auch das Gefühl, dass ich mich auch anlehnen kann und darf. Die langen Haare sprechen also für eine weibliche Potenz.

Ja, und dann fand ich die Haare einfach sehr attraktiv: Du bist für mich eine sehr schöne Frau. Es hat mich stolz gemacht, dass sich eine so tolle Frau in mich verliebt.

Wenn ich es zusammenfasse, dann war es einmal der Hintern oder die Sexualität, die mich fasziniert haben, dann die blonden Haare und damit der Stolz, eine so tolle Frau zu haben. Und drittens eine Warmherzigkeit zu spüren, und das bedeutet, dass ich so akzeptiert werde, wie ich bin.

BETTINA: Was mir jetzt gerade noch in den Sinn gekommen ist, fand ich auch unheimlich toll: Als einmal das Kondom geplatzt war, und es war genau an den fruchtbaren Tagen, hat es mich unheimlich gerührt, wie du damit umgegangen bist. Du sagtest, wenn ich jetzt schwanger wäre und es behalten wollte, dann würdest du dich freuen. Das fand ich total schön. Da habe ich ganz stark das Gefühl gehabt, dass ich mich bei dir fallen lassen kann. Da brauche ich keine Angst zu haben, habe gefühlt, da ist eine Stärke und Zuverlässigkeit bei dir, die mir gut getan hat: dass du zu mir stehst, dass du dich freuen würdest, selbst in einer Zeit, in der wir doch gar nicht daran gedacht haben, Kinder zu bekommen.

Das hattest du auch deinen Eltern erzählt – mir war es ein bisschen peinlich, weil ich sie selber noch gar nicht gekannt hatte. «Vielleicht kriegt ihr schon ein Enkelchen.»

ANDREAS: Hab ich das so gesagt?

BETTINA: Ja, hast du zu ihnen gesagt, und mir hat es imponiert. Ich dachte: Das ist ja ein Ding. Du nimmst mich, mit allem, was da ist, und du lässt dich auch darauf ein. Ich glaube überhaupt, ich habe mich von dir ganz stark angenommen gefühlt. Das hast du ja eben auch gesagt.

ANDREAS: Ja, dieses Angenommensein habe ich auch sehr bei dir genossen. Ich habe in der Sexualität gespürt, dass wir unheimlich gut harmonieren. Ich weiß noch, wie wir auf dem Hochbett gelegen haben und lachten. Da war ich so glücklich, dass ich eine Frau hatte, mit der ich so lebendig die Sexualität leben kann. Gerade auch im Vergleich zu den vorangegangenen Beziehungen, besonders zu meiner ersten Beziehung mit Lisa, hatte ich das Gefühl, ich kann das mit dir unheimlich gut lösen. Da kann ich endlich befreit damit umgehen. Ich konnte das sehr genießen mit dir, die Sexualität. Und was mir die Ute vorgeworfen hat, dass ich immer so lache bei der Sexualität, da habe ich gemerkt: Ach, mit dir darf auch das alles so sein.

BETTINA: Ich habe eine unheimliche Lust bekommen, weil ich mich seelisch mit dir so gut verstanden habe. Das war der Schlüssel zu meiner Lust. Auf einer ganz anderen Ebene wurde ich von dir angesprochen, was ich in dem Maße mit den anderen Beziehungen noch nicht erlebte. Ich kann jetzt für mich nicht sagen, dass unsere Beziehung für mich von der Sexualität her am unproblematischsten war. Ich hatte in anderen Beziehungen auch eine schöne Sexualität gehabt, die sogar manchmal ein bisschen einfacher war. Aber meine Lust hat ganz stark geschürt dieser innere Kontakt zu dir.

ANDREAS: Meine Lust hat geschürt, dass du dich so gehen lassen konntest. Dass du so zu deiner Sexualität gestanden hattest und zu deiner Lust, sie also so positiv aufgenommen hast. Dich nicht irgendwie geschämt hast und es nicht irgendwie unmöglich fandest, sondern es gut fandest, dass du Lust hattest. Das hat mich saumäßig angemacht.

BETTINA: Was ich auch total schön fand, war diese Wohngemeinschaft bei dir, und dieses Hochbett und diese knuffelige Wohnung. Es war für mich ein neuer Lebensabschnitt. Ich hatte ja immer noch bei meinen Eltern gewohnt. Ich hatte zwar schon mit Nick und dann mit Manfred gelebt. Aber es hatte doch eine andere Qualität. Ich hatte das Gefühl, mit dir gehe ich in einen neuen Lebensabschnitt. Du als Student und dann Isabel und Eva als Krankengymnastikschülerinnen, das war eine neue Welt. Ich wusste, wenn ich da bin, dann bin ich ein Stück weg von zu Hause. Das war gut.

Ich war ja ziemlich pessimistisch gewesen, was Liebesbeziehungen betrifft, als ich dich kennen gelernt hatte. Einmal durch diese schwierige Geschichte mit Klaus, dem verheirateten Mann, der erzählt hat, dass seine Frau zwar liebenswert wäre, aber lieben würde er sie nicht. Ich fragte mich, was Liebe überhaupt ist? Das gibt es gar nicht. Ich war unheimlich verhärtet. Rundherum die Beziehungen, die ich gesehen habe, waren keine guten Beziehungen. Ich habe wirklich gedacht, dass alles nur schwierig und schrecklich ist. Dann habe ich gemerkt, dass du ein optimistischer Mensch bist, was das betrifft. Obwohl du auch offen bist für Ängste – und selber ja auch Ängste hattest. Ja, fast hatte ich den Eindruck, wir hatten ähnliche Ängste, vor dem Sich-Einlassen. Dann merkte ich, du hast überhaupt nichts dagegen, auch was dafür zu tun, dass die Beziehung gut wird. Du hast die Zwiegespräche vorgeschlagen, und ich dachte: wie toll! Vielleicht kann man ja doch was ganz anderes leben, als einem vorgelebt wird. Das hat mir eine ganz starke Hoffnung gegeben auf eine Entwicklung in eine positive Richtung. Und das war und ist auch das, worin unsere Beziehung sich von den anderen Beziehungen unterscheidet. Bei den anderen Beziehungen hatte ich nach einer gewissen Zeit immer das Gefühl, dass die Entwicklung stagniert. Es kommt in ein Fahrwasser, das ich überhaupt nicht will. Da wiederholen sich einfach immer die Konflikte, und es löst sich nichts wirklich. Schließlich geriet ich an den Punkt, an dem ich gemerkt habe, ich will das so nicht mehr. Und dann war es vorbei.

Bei dir hatte ich das Gefühl, dass man vielleicht nicht an einen solchen Punkt kommt und dann da stehen bleibt, sondern dass die Möglichkeit besteht, immer weiter zu gehen. Ich habe dir zugetraut, dass du das mit mir zusammen machst. Mit den anderen Männern war es dann oft so, dass sie sich ganz gut eingerichtet haben mit der Beziehung, wenn ich dann aber etwas nicht in Ordnung oder langweilig fand, wurde es immer sehr kompliziert für sie, es war anstrengend, und sie wollten sich nicht mit mir auseinander setzen. Das ist nicht das Richtige für mich. Das ist mir zu träge.

Bei dir bin ich aber auf sehr viel Resonanz gestoßen, und dadurch habe ich das Gefühl gehabt, mit dir könnte es was werden.

Andreas: Ja, ich habe auch das Gefühl gehabt, mit dir könnte es was werden, eine Seelenverwandtschaft. Ich meine, ich hatte ja schon in zwei vorigen Beziehungen Zwiegespräche gemacht, und es ist dennoch oder deswegen zur Trennung gekommen. Meine erste Beziehung ist vielleicht durch die Zwiegespräche frühzeitiger beendet worden. Mit Jennifer habe ich in den Zwiegesprächen erkannt, dass wir beide sehr unterschiedliche Erlebniswelten haben. Sie war Amerikanerin, hatte eine mehr pragmatische Einstellung und war fast männlicher in ihrer Denkweise als ich. Ich war eher der Gefühlspart. Sie war die älteste Tochter unter vier Geschwistern, tough und ehrgeizig. Zwar liebevoll, aber sehr rational in vielen Dingen. So und so muss man das machen, so und so ist es, zack zack. Und dann wurde das auch so gemacht. Einerseits gefällt mir ihre Art ganz gut, andererseits bin ich doch gerne auch mal zögerlich, um zu überlegen, wie ist es jetzt richtig.

BETTINA: *(lacht)* Das kommt mir bekannt vor.

ANDREAS: Ich fand an Jennifer gut, dass ich mich mit ihr streiten konnte. Das Streiten hatte mich auch nicht bedroht. Aber bei Claudia hat mich das Streiten sehr bedroht. Claudia drohte immer sehr mit Trennungen. Sobald wir uns gestritten haben, war immer das Wort Trennung im Raum. Und das hat mir immer unheimlich Angst gemacht.

Durch deine sehr impulsive Art, auch deine Aggressionen zu zeigen und gut rauslassen zu können, habe ich gemerkt, vielleicht kann ich besser mit meinen Aggressionen umgehen lernen. Wie kann ich meine Wut äußern, ohne dass gleich die Beziehung in Gefahr gerät wie bei Claudia. Bei Jennifer waren es Streitigkeiten um des Kaisers Bart, Kleinigkeiten, ob man nun auf dem Gehweg läuft oder auf dem Rasen. Oder wenn man im Auto fährt, soll man die Spur abrupt wechseln oder ganz allmählich, um die Reifen zu schonen. Da haben wir uns herrlich gestritten über Kleinkram. Das hat mir dann einerseits gut getan, weil ich gemerkt habe, das ist kein Beziehungsstreit, bei dem die Beziehung in Gefahr gerät; es wird vielmehr über anderes geplänkelt. Bei dir wurde aber schon über die Beziehung gestritten und auch heftig, aber nicht so, dass die Beziehung dadurch in Gefahr stand, sondern eher, um die Beziehung weiterzubringen. Um diese aggressiveren Seiten, mit denen ich große Probleme habe, äußern zu können und Wut zu zeigen, ohne sie in kleinen Aktionen nur unterschwellig anzubringen.

Was waren die drei besten Eigenschaften unserer Verliebtheitsbeziehung?

Was sind denn nun die drei Eigenschaften der Beziehung?

BETTINA: Wir haben ja unterschiedliche Eigenschaften zu uns angegeben.

ANDREAS: Die drei von mir waren unbefangene Sexualität, Zu-dir-Stehen und Stolz auf dich sein und die Warmherzigkeit.

BETTINA: Und bei mir waren es die Offenheit, das Mit-dir-reden-Können und auch die Warmherzigkeit, deine liebevolle Art.

ANDREAS: Und nun die drei Beziehungseigenschaften.

BETTINA: … also im Vergleich zu anderen Beziehungen im eigenen Leben die drei wesentlichen, positiven Beziehungseigenschaften.

Bei mir war das die Verständigung, dieses Sich-Auseinandersetzen-Können, ohne an eine Grenze kommen, bei der alles zu kompliziert wird.

ANDREAS: Das war es für mich auch, nicht sofort an die Grenze der eventuellen Trennung kommen, sondern eine Auseinandersetzungsfähigkeit zu entwickeln.

Es gibt wohl wieder drei Beziehungseigenschaften, die du benennst, und drei, die ich benenne.

BETTINA: Das wären insgesamt zwölf gute Eigenschaften unserer Beziehung.

ANDREAS: Für mich liegen die Beziehungseigenschaften in unserer schönen Sexualität, im Umgang mit Aggressionen – dass es in Ordnung ist, seine Aggressionen zu zeigen, ohne dass dabei gleich die Beziehung untergeht. Und als Drittes das Verständnis für einander, damit meine ich, dass du auch mich sehr verstanden und dich mir gewidmet hast.

BETTINA: Bei mir war es, wie gesagt, das Redenkönnen und die Auseinandersetzungsfähigkeit. Auch glaube ich, dass du mich gefordert hast – gefördert durch den Altersunterschied, durch deine andere Lebensphase – und dass du mich konfrontiert hast mit meinen Sachen. Beispielsweise, wenn ich an dir rumgezuppelt habe und wollte, dass du dich veränderst, sagtest du: «Hier, Moment mal, guck bei dir», und auf einmal war ich anders gefordert. In den anderen Beziehungen habe ich an den Männern doch ziemlich rumgedoktert. Dabei habe ich aber für mich im Endeffekt wenig gelernt. Dass du mich gefordert hast und ich mich dadurch entwickeln konnte, das war ganz wichtig für mich.

ANDREAS: Mir ist da gerade noch etwas eingefallen. Gut fand ich auch noch, dass du sieben Jahre jünger warst als ich und ich dadurch die Studentenzeit noch einmal – ich war ja schon fast fertig – miterleben konnte. Ich habe mich durch dich noch ein bisschen länger in diesem Stadium gehalten. Ich konnte damit diese Zeit sehr intensiv genießen.

BETTINA: Ja, für mich war es wie eine Sicherheit, ein Vorausblick, wie es sein kann, wenn man mit dem Studium fertig wird, und wie das Studium überhaupt funktioniert. Ja, du hast mir oft Sicherheit gegeben, auch als ich in England war und wir dort Urlaub gemacht haben. Du hattest schon viele Reisen gemacht, und ich fand deine Erfahrung schön, da habe ich viel mitgenommen.

ANDREAS: Etwas Interessantes fällt mir dabei ein: Claudia ist ja damals mit Volker abgehauen, der auch sieben Jahre älter war als sie. Und ich dachte mir, das mache ich auch, ich werde mir auch eine sieben Jahre jüngere Frau suchen. Dann bin ich nämlich der King oder derjenige, der durch die Erfahrung gesichert ist. Das ist interessanterweise eingetroffen.

Welche Bedingungen waren zur Verliebtheit gegeben, und wie sind sie heute in die Architektur des Alltags einzubauen?

ANDREAS: Ich denke, die Zeit war sicher ein Hauptfaktor für uns. Wir hatten alle Zeit der Welt. Und wir haben einfach die Zeit genießen können, der Tag war einfach für uns da. Ich musste lediglich ein bisschen aufräumen. *(lacht)*
BETTINA: Ein bisschen ist gut … *(lacht)*
ANDREAS: Ja, also ich denke, Zeit war auf jeden Fall eine große Sache, die wir unbegrenzt hatten.
BETTINA: Ich denke genauso mit der Zeit. Und dann hatten wir auch viel, viel Zärtlichkeit gehabt. Das war auch durch die Zeit gegeben. Wir haben oft einfach die ganze Zeit im Bett gekuschelt oder auf irgendwelchen Wiesen in der Sonne rumgelegen und haben uns gestreichelt und haben erzählt, sehr viel erzählt…
ANDREAS: Ich erinnere mich auch noch, dass wir viel miteinander geschlafen haben. Das hat mir sehr viel Spaß gemacht, weil wir dabei so viel lachen konnten. Auch Lachen war eine Bedingung für uns. Dass ich mit dir gerade in der Sexualität unheimlich gut lachen kann, diese Unbeschwertheit hat mich sehr erfüllt.
BETTINA: Das fand ich zwar auch schön, aber für mich war eher neu dieses Wirklich–über-alles-reden-Können, über alles, was in meinem Kopf ist, was mich beschäftigt. Das waren sehr anregende Gespräche, die ich in dem Maße mit anderen Männern noch nicht so erlebt hatte.
ANDREAS: Und das war für mich nicht so neu. Auf dieser Gesprächsebene Vertrautheit herzustellen, das konnte ich ei-

gentlich immer recht gut, gerade mit Frauen. Ich habe ja auch in der Wohngemeinschaft mit zwei Frauen zusammengelebt. Und da war natürlich das Miteinandersprechen für mich normal.

BETTINA: Für mich würde ich wirklich sagen, also die Zeit und mit dieser Zeit dann eben viel Zärtlichkeit und viele Gespräche.

ANDREAS: Und für mich würde ich sagen: Zeit, die Sexualität, das fand ich ganz toll, das Lachen. Und das Unbeschwertsein.

Ja, das waren die ersten drei Monate. Dann ging es schon los mit den negativen Bedingungen. Dann hatte ich viel zu lernen für meine Prüfung, und natürlich ging die Zeit flöten. Das war ein großes Manko, dieser absolute Zeitverlust.

BETTINA: Damit auch das Gespräch. Gott sei Dank hatten wir noch die Zwiegespräche. Aber weil keine Zeit mehr war, war auch nicht mehr viel Zeit zum sonstigen Sprechen. Und dann war auch nicht mehr so viel Zeit für die Zärtlichkeit. Also auch gerade mit den Praktika, da war auch kaum noch Zeit und Kraft für Sexualität.

ANDREAS: Von meiner Seite aus kaum noch ein Wunsch nach Sexualität. Ich brauchte meine Energie für die Arbeit und für meine Funktionsfähigkeit beim Job. Und ich war ja auch in dieser Zeit bis zum Schluss kaum krank gewesen.

Dann habe ich auch gemerkt, dass die Beziehung angespannter wurde. Ich spürte mehr Erwartungen von deiner Seite an mich. Die Unbeschwertheit ist geschwunden, und dadurch wurde alles problematischer. Weil du mehr Erwartungen an mich hattest, musste ich mehr erfüllen, was ich aber nicht konnte, weil ich immer lernen oder arbeiten musste. Das hat mich sehr in die Enge gedrängt, und ich kam mir schließlich total überfordert und unverstanden vor. Unsere Beziehung wurde sehr, sehr stressig. Nicht nur fehlte die Zeit, auch die Erwartungshaltung erdrückte mich. Das ist die männliche Schere.

BETTINA: Mit der Zeit hat dann auch die Zugewandtheit nachgelassen, fällt mir auf. Prüfungen oder andere Stressgeschichten gewannen an Bedeutung, und das Gespräch wurde nicht mehr so wichtig, auch die Zärtlichkeit nicht mehr.

Da war dann auf einmal wichtig, was noch zu erledigen, noch aufzuräumen und sonst noch was war. Ein Teufelskreis entstand: Meine Erwartung stieg, dein Rückzug wurde stärker. So ist das mehr und mehr geworden. Die Zwiegespräche waren zwar noch ein Notanker, aber trotzdem waren sie in meinem Erleben eingeschränkt als Rettung für dich, berufliche Ängste zu verarbeiten und zu besprechen.

ANDREAS: Ja, sie waren sehr dominiert von der Angst, nicht zu bestehen, von der Angst der ersten Berufstätigkeit. Ich konnte mich auch überhaupt nicht der Beziehung widmen, weil ich gedanklich so beschäftigt war mit der beruflichen Seite, dass ich für meine persönliche Entwicklung und für meine persönliche Beziehung zu dir überhaupt keine seelische Kapazität hatte.

BETTINA: Dann hat eben auch die Sexualität nachgelassen. Ich hatte den Eindruck, dass sie manchmal ein bisschen zu viel geworden ist, eine Last statt eine Lust.

ANDREAS: Ja, aber ich hatte das, was ich wollte: eine Frau, die sich um *sich* kümmert, eine Frau, die zu ihrer Sexualität steht, sodass ich nicht mehr so aktiv werden muss für diese Sexualität. Ich habe gemerkt, du machst das schon. Und das war ja für mich immer eine sehr bedeutende erotische Bedingung. Ich musste nicht so aktiv sein, weil du so aktiv warst. Das fand ich sehr angenehm.

BETTINA: Mhm, du hast mich dann auch öfters abgewiesen, das fand ich nicht mehr so erotisch.

ANDREAS: Na ja, das war dann halt, weil ich so müde war oder weil ich einfach nicht mehr konnte. Ich habe halt gemerkt, ab jetzt brauche ich meinen Schlaf und meine Energie.

BETTINA: Ja, das war eine echt ätzende Zeit. Wenn ich jetzt drüber spreche, kriecht in mir eine Stinkwanze hoch. Zum Glück ist das vorbei.

ANDREAS: Leiten wir lieber über zu den Einsichten aus den Bedingungen *(lacht)*: Wie wir es heute schaffen, es anders zu machen.

Also: Einmal muss ich betonen, dass ich jetzt so ein gutes Dreivierteljahr einen anderen Job habe mit einer Belastung von ungefähr dreißig Stunden die Woche. Das ist nicht zu vergleichen mit der früheren Zeit, wo es zum Teil achtzig oder hundert Stunden waren. Und das ist eine ganz andere Situation. Ich habe mehr Zeit für mich, ich bin im Beruf nicht so überfordert, auch nicht mehr so ängstlich und nicht mehr so okkupiert durch die Sache, sondern habe auch viel Zeit, während ich im Beruf meine beruflichen Sachen gut mache und mich auch fachlich fortbilde. Das alles während der Arbeitszeit. So komme ich wirklich nach Hause, und mein Kopf ist frei für Dinge, die ich gerne machen möchte, für die Dinge, die wir gerne zusammen machen, für uns und kann auch sogar noch zu meinem Sport kommen und zu anderen Dingen.

BETTINA: Im Moment, muss auch ich sagen, sind viele der Grundbedingungen wiederhergestellt. Aber das ist ja auch eine bewusste, absichtliche Leistung von dir. Du hast deinen Beruf so gestaltet. Wir können viel zusammen einschlafen und noch kuscheln. Und auch am Wochenende zusammen ausschlafen, das gab es ja vorher meist nicht.

ANDREAS: Für dich ist es ja immer sehr wichtig, dass wir gemeinsam einschlafen. Das war ja zum Teil auch während der Praktika gar nicht gegeben, weil ich noch in die Nacht hinein gearbeitet habe.

BETTINA: In der Verliebtheitsphase schläft man natürlich zusammen ein, weil man ja ganz viel Gemeinsames vor dem Einschlafen macht. Das war auf einmal nicht mehr möglich. Das war für mich eine große Liebesbedingung: zusammen einzuschlafen. Oder sagen wir mal, die Zärtlichkeit, und dann in den Schlaf zu gehen. Das genieße ich sehr, dass es im Moment wieder so sein kann und wir am Wochenende auch mal zusammen ausschlafen.

ANDREAS: Ich merke wieder, dass dir dieses gemeinsame Einschlafen sehr wichtig ist. Deswegen hatten wir ja auch schon mal einen Paarberatungstermin mit der Frage, wie wir das hinkriegen. Ich muss ja wegen der Arbeit auch früh aufstehen und früh ins Bett gehen. Aber ich anerkenne, dass das dir wichtig ist, und versuche, das auch einzuhalten, gemeinsam ins Bett zu gehen.

BETTINA: Wenn wir tagsüber beide unseren Berufen nachgehen und unseren Aktivitäten, abends zum Teil noch Sport machen und dann nicht zusammen einschlafen, da habe ich echt das Gefühl: Ja, was haben wir denn eigentlich miteinander! Und im Moment ist das echt ideal, dass wir morgens sogar zusammen frühstücken können. Das war ja früher kaum möglich, weil du sonst immer um sechs aufgestanden bist. Da hätte ich dann auch um sechs aufstehen müssen. Das habe ich aber meistens nicht gepackt. Aber jetzt um sieben, halb acht zu frühstücken und abends zusammen einzuschlafen, das ist für mich echt Beziehungsgefühl – auch wenn den Tag über einfach jeder seine Sachen macht.

ANDREAS: Ja genau. Dieses gemeinsame Einschlafen, gemeinsame Ins-Bett-Gehen, gemeinsame Aufstehen sind ja fast Rituale, die zu den Hauptbedingungen gehören und glücklicherweise heute wiederhergestellt sind. Es ist im Moment recht glücklich, dass ich so eine Stelle habe, und ich denke, dass wir auch versuchen werden, oder ich versuchen werde, eine solche Stelle wieder zu finden. Vielleicht wird es noch mal ein, zwei Jahre geben, in denen ich eine Weiterbildung machen muss und deshalb eine andere Arbeitsbelastung haben werde. Aber ich denke, langfristig würde ich mir wünschen – als planerische Überlegung -, wie wir unsere Liebesbedingungen erhalten. Das ist dieses «Etwas-gemeinsam-Machen».

BETTINA: Ja, wenn wir zum Beispiel zusammen frühstücken und zusammen ins Bett gehen, dann reden wir eben halt auch wieder in dieser Zeit, also ist auch wieder mehr Gespräch. Da wurschtelt nicht jeder so vor sich hin und hat nur das Zwiegespräch, sondern wir können uns austauschen: Wie war der Tag? Wie geht es mir gerade? Was ist los? Und das eben frühmorgens und spätabends. Dann habe ich das Gefühl, Kontakt zu dir zu haben.

ANDREAS: Was für mich auch noch ganz gut ist, ist unser Streicheln abends. Dass ich dir immer noch abends den Rücken streichle. Ich tue dir was Gutes, und du bist zufrieden. Dann bin ich zufrieden, weil ich merke, ich tue etwas, dass du glücklich bist. Und damit geht es mir auch wieder gut. Das ist für mich eine erotische Bedingung.

BETTINA: Gerade dieses Reden und Streicheln und Zusammen-Einschlafen ist für mich viel wichtiger, als große Unternehmungen zusammen zu machen. Ich finde das zwar auch schön und könnte mir vorstellen, dass wir öfters mal zusammen in die Sauna oder schwimmen gehen. Aber ich merke, das Zusammenliegen allein hält für mich ein Beziehungsgefühl sehr stark aufrecht. Ich muss gar nicht viele tolle Unternehmungen machen, ich merke, Abend und Morgen sind mir noch viel, viel wichtiger.

ANDREAS: Ich entdecke gerade, für meine Liebesbedingungen ist es auch wichtig, einmal Zeit für mich zu haben. Wenn ich mal so eine Weile im Keller gewurschtelt habe oder meine Sachen erledigte, dann komme ich auch mit einem viel entspannteren Gefühl wieder zu dir ins Bett oder kann auch mich dir viel besser widmen. Ich habe dann das Gefühl, das und das habe ich jetzt geschafft. Und das war natürlich auch so, als wir uns kennen gelernt haben. Da konnte ich meine Sachen machen, wie ich es wollte, und hatte trotzdem Zeit für dich, für die Beziehung und für mich. Beispielsweise kann ich im Moment wieder schwimmen gehen und meinen Sport machen. Dadurch bin ich wirklich zufrieden mit mir und kann deswegen die Beziehung zu dir viel besser genießen.

BETTINA: Ja, da habe ich es im Moment noch besser mit meinem

Job. Schon immer. Ich hatte immer recht viel Zeit. So einen stressigen Job wie du hatte ich nie.

Andreas: Ich merke jetzt auch, dass ich deinen Erwartungen an mich besser nachkomme. Oder ich spüre, dass du auch zufrieden bist, wie wir unsere Beziehung führen. Ich erlebe diese Erwartungen nicht als erdrückend – und ich komme selbst nicht zu kurz.

Bettina: Ja, ich denke, das war damals eine Zerreißprobe. Es war für mich zu wenig und für dich eine übermäßige Belastung. Das hätte auch schief gehen können.

Andreas: Ja. Das Allerwichtigste, dass es nicht schief ging, denke ich, waren die Zwiegespräche, die wir in dieser Zeit, wo es so eng war, doch regelmäßig, fast rigoros einhielten. Da haben wir wenigstens unsere anderthalb Stunden pro Woche gehabt, um zu reden. Das ging dann zwar, wie gesagt, nicht immer um Beziehung, aber ich denke, sie waren auch für dich wichtig, einfach um zu erkennen, was in mir so vorgeht. Und ich habe auch mitbekommen, was in dir vorgeht. Das ist doch der rote Faden, der durch unsere Beziehung gegangen ist.

Bettina: Im Übrigen konnte ich dann auch meiner Enttäuschung Luft machen und dir mitteilen, dass ich damit sehr unzufrieden bin.

Andreas: Das hat mich allerdings wieder unter starken Druck gesetzt, weil ich gemerkt habe: Ich kann es nicht befriedigen. Es geht einfach nicht! Immerhin habe ich versucht, dass wir am Sonntag mal zusammen spazieren gehen, was auch geklappt hat.

Bettina: Stimmt. Aber der einzige Moment am Tag, wo wir uns manchmal kurz gesehen haben… *(lacht)*

Andreas: *(lacht)* … war kurz vor dem Einschlafen.

Bettina: Immerhin.

Andreas: Ich glaube, das war es, oder gibt es noch irgendwas?

Bettina: Ja, ich habe gemerkt, dass mir Urlaube wichtiger werden.

ANDREAS: Ach ja, stimmt. Sehr gut.

BETTINA: Auch mal kürzere Sachen, Zeit, die einfach wirklich für uns ist.

ANDREAS: Das haben wir ja auch schon früher versucht, dass wir uns mal ein Wochenende im Vierteljahr genommen haben und es einfach nur für uns hatten. Mit Schwimmbad und Sauna und irgendwo anders Hinfahren.

BETTINA: Spazieren gehen und so was.

ANDREAS: Stimmt, das war wichtig.

Gut, ich glaube, «dann haben wir fertig».

(beide lachen)

6
Anmerkungen
mit Literaturhinweisen

Seite 5: Nin, Anaïs (1966, 2001) Die Tagebücher 1931–1934. München
(Diana Taschenbuch), S. 107

Seite 9: Sterne, Laurence (1760–67) Leben und Ansichten von Tristam
Shandy, Gentleman. Übersetzt von Michael Walter. Frankfurt (Zweitau-
sendeins), Seite I,9.

Seite 9: «...Trotz der weltweiten Paarkatastrophe...» vergleiche dazu
Moeller, Michael Lukas (2001) Gelegenheit macht Liebe. Glücksbedin-
gungen in der Partnerschaft. Reinbek (Rowohlt Taschenbuch), Seite 47,
und den *Einblick: Sprachlose Paare* in Moeller, Michael Lukas (2001) Die
Wahrheit beginnt zu zweit. Das Paar im Gespräch. Reinbek (Rowohlt
Taschenbuch), Seite 19–49.

Seite 10: ...fünf sinnliche Träume pro Nacht...: Bareuther, Herbert (1995)
Traum und Gedächtnis. Tagung des Sigmund Freud Institutes Frankfurt
zur Traumforschung. Münster (Lit)

Seite 10: *«Unbewusstes erkennt Unbewusstes irrtumslos»* Scheunert, G.
(1960): Zum Problem der Gegenübertragung. Psyche 13, 574–593

Seite 15: «...Also einige Worte zur Beziehungsmedizin...»: vergleiche
dazu *Beziehungsmedizin* in Moeller, Michael Lukas (2001) Gelegenheit
macht Liebe. Glücksbedingungen in der Partnerschaft. Reinbek
(Rowohlt Taschenbuch), Seite 24. Aus dem Manuskript eines Vortrags
zur Beziehungsmedizin mit dem Titel «Blackout der Medizin» vor der
Berliner Ärztekammer 1999 entstanden.

Moeller, Michael Lukas (2003b) Aspekte der Beziehungsmedizin. Ein-
blicke in die medizinische Bedeutung heilender und krank machender
Paarbeziehungen. Im Erscheinen.

Moeller, Michael Lukas (2003c) Zur Epidemiologie der Beziehungsmedizin. Im Erscheinen.

Moeller, Michael Lukas (2003d) Beiträge zur Beziehungsmedizin.
Gesundheit als Kennzeichen von Paarqualität. Im Erscheinen.

Moeller, Michael Lukas (2003e) Zur Theorie der Beziehungsmedizin. Versuch einer Bestandsaufnahme. Im Erscheinen.

Moeller, Michael Lukas (2003f) Blackout der Medizin, Paardynamik in Gesundheit und Krankheit, ein neues Paradigma. Im Erscheinen.

Moeller, Michael Lukas (2003g) Beziehungsmedizin. Paarorientierung in Gesundheit und Krankheit. Im Erscheinen.

Seite 16: «James Lynch…» vergleiche Lynch, James (1979) Das gebrochene Herz. Reinbek (Rowohlt)

Seite 16: Pennebaker, James (1989, deutsch 1991) Opening up. The Healing power of confiding in others. New York (Morrow). Übersetzung: Sag mir, was dich bedrückt. Düsseldorf (Econ)

Seite 16: Ornish, Dean (1998): Love and Survival. New York (HarperCollins), Übersetzung (1999) Heilen durch Liebe. Die revolutionäre Therapie. Augsburg (Mosaik)

Seite 16: Kiecolt-Glaser, J. K., Fisher, L.D., Ogrocki, P., Stooukt, J.C., Speicher, C.E., Glaser, R. (1987a) Marital quality, marital disruption, and immune function. Psychosomatic Medicine 49: 13–43. Und: Kiecolt-Glaser, J. K., Newton, T., Cacioppo, J.T., MacCallum, R.C., Glaser, R. und Malarkey, W.B. (1996) Marital Conflict and endocrine function: Are men really more physiologically affected than women? J.Consult.and Clinical Psychology 64: 324-332

Seite 29: Tilla Durieux, deutsche Schauspielerin, 1880–1971.

Seite 36f.: «Fragebögen…»: Für die methodische Beratung und Auswertung dieser Umfrage danke ich Dipl.-Psych, Dipl-Soz. Angela Dunker sehr herzlich. Einen ausführlicheren Fachartikel werden wir beide zu einem späteren Zeitpunkt publizieren.

Seite 37: «…Offenheit, das Opening-up, das seine enorme Vorrangstellung…»: vergleiche Moeller, Michael Lukas (1996, 2001) Worte der Liebe. Erotische Zwiegespräche. Rowohlt (Reinbek) Kapitel 8

Seite 38: «…Sie gilt den Bindungstheoretikern…»: vergleiche von Sydow, Kirsten und Ullmeyer, Matthias, (2001) Paarbeziehung und Bindung. Eine Meta-Inhalts-Analyse von 63 Studien, publiziert zwischen 1987 und 1997. Zeitschrift für Psychother. Psychosom. med. Psychol. 2001;51: Seiten 186–188.

Seite 38: «…Sie stärkt das Immunsystem…» Pennebaker, James (1989, deutsch 1991): Opening up. The healing power of confiding in others. New York (Morrow). Übersetzung: Sag mir, was dich bedrückt. Düsseldorf (Econ)

Seite 39: «…in fünf Großstädten…»: Stuttgart, Karlsruhe, Köln, Berlin, Düsseldorf, 66,5 Prozent Vortragspublikum, ein Drittel Seminarteilnehmer.

Seite 40: «…Aussehen (14,1; 11,2; 1,1 Prozent) und Ausstrahlung (10,0; 7,2; 6,5 Prozent) wurden zwar…»: Attraktivität spielt in den evolutionsbiologischen Studien eine maßgebliche Rolle bei der Partnerwahl, deshalb ist es hier vielleicht hilfreich, sich des mächtigen kulturellen Einflusses bewusst zu bleiben. David Buss schreibt zur nicht-genetischen gesellschaftlichen Perspektive: «So stieg (in den USA, M.L.M.) zwischen 1939 und 1989 der Wert, der auf das Aussehen des Ehepartners gelegt wird, auf einer Skala von 0,00 bis 3,00 von 1,50 auf 2,11 bei den Männern und von 0,94 auf 1,67 bei den Frauen.» Nur der geschlechtsgebundene Unterschied könnte stammesgeschichtliche Wurzeln haben. Die dramatischen Änderungen sind aber sozialabhängig. Siehe Buss, David (1994) Die Evolution des Begehrens. Geheimnisse der Partnerwahl. Hamburg (Kabel), Seite 78.

Seite 44: «...Nach einiger Zeit beginnen sich Mann und Frau...»: Fisher, Helen (1993) Anatomie der Liebe. Warum Paare sich finden, sich binden und auseinandergehen. München (Droemer Knaur), Seite 33.

Seite 44: «...In einer Untersuchung von Dorothy Tennov...»: Tennov, Dorothy (1979) Love and Limerence. The experience of being in love. New York (Stein and Day)

Seite 45: «...Niemals sind wir ungeschützter...»: Freud, Sigmund (1930) Das Unbehagen in der Kultur. Gesammelte Werke XIV: S. 421ff

Seite 45: «...In einer unbezwingbaren Neigung idealisieren wir...»: vergleiche die Enttarnungen in «Über die Liebe», in Moeller, Michael Lukas (2002), Auf dem Weg zu einer Wissenschaft von der Liebe. Reinbek (Rowohlt Taschenbuch), Seiten 11–51

Seite 45: Und bei Helen Fisher heißt es...»: Fisher, Helen (1993) Anatomie der Liebe. Warum Paare sich finden, sich binden und auseinandergehen. München (Droemer Knaur), Seite 48

Seite 45: «...Männer betrachten unbekannte Frauen...»: untersucht mit dem Eye-view-Monitor in einer Doktorarbeit von Halla, W.(1980) Augenbewegungen bei Wahrnehmung unbekannter Personen. Wien, Dissertation an der Grund- und Integrativwissenschaftlichen Fakultät. Abbildung in Grammer, Karl (1993) Signale der Liebe. Die biologischen Gesetze der Partnerschaft. Hamburg (Hoffmann und Campe), Seite 21

Seite 46: «...Grob gesagt sucht die Frau wählerischer einen schutzgebenden, ressourcenspendenden...»: «In Arten mit männlichem, elterlichen Investment – so etwa beim Homo sapiens – sollten Weibchen männliche Partner suchen, die die Fähigkeit und Bereitschaft zeigen, Ressourcen zur Verfügung zu stellen.» Karl Grammer (1993) a.a.O., Seite 43.

Seite 46: «...«dieser aufregendsten Beziehungsform, die das Leben zu bieten hat...»: Buss, David (1994) Die Evolution des Begehrens. Geheimnisse der Partnerwahl. Hamburg (Kabel) Seite 30.

Seite 46: «...Nach der *Liebe* rangieren unter 18 Persönlichkeitsmerkmalen...»: Buss, David (1994) a.a.O. Seite 47

Seite 46: «…Warum Männer heiraten, ist ein Rätsel»: Buss, David (1994) a.a.O. Seite 67

Seite 47: «…Eigenschaften, die Männer an Frauen und Frauen an Männern faszinieren…»: Karl Grammer fasst eine Studie von Buss und Barnes zusammen, in der Ehepaare nach dem Idealpartner gefragt wurden; dort ergeben sich andere Akzente: Zuverlässigkeit, Ehrlichkeit, Rücksichtnahme und Freundlichkeit wünschen sich die Frauen, Attraktivität, Kochfähigkeit (Versorgung?) und Sparsamkeit die Männer. Unterschiede entstehen analog bei allen anderen Untersuchungen, weil die Fragestellungen jeweils einen anderen Kontext hatten oder anders gestellt wurden. Hier geht es ja um die erlebte Realität eines gefundenen Partners. Dadurch sind die Befunde praktisch bedeutsam, nämlich realisiert und weniger abstrakt. Vergleiche Grammer, Karl (1993) a.a.O., Seite 122.

Seite 51: «…Doch Konfliktfähigkeit ist leicht zu lernen…»: vergleiche Moeller, Michael Lukas (2001) Gelegenheit macht Liebe. Glücksbedingungen in der Partnerschaft. Reinbek (Rowohlt Taschenbuch), S. 72ff. und Moeller, Michael Lukas (1996, 2001) Worte der Liebe. Erotische Zwiegespräche. Ein Elixier für Paare, Reinbek (Rowohlt Taschenbuch), Seite 15–21

Seite 51: «…Vor allem muss das Paar in der Lage sein…»: Moeller, Michael Lukas (1986, 2001) Die Liebe ist das Kind der Freiheit. Reinbek (Rowohlt), Kapitel 4: Das Schweigen des Vaters im Körper der Mutter, S. 187-201

Seite 52: «…Untreue, die ja unbewusst…»: vergleiche das Kapitel 12 «Die Hebung des Schatzes der Eifersucht» in Moeller, Michael Lukas (2000 a) Gelegenheit macht Liebe. Glücksbedingungen in der Partnerschaft. Reinbek (Rowohlt), S. 262–284.

Seite 59: «…Flirt ist eine Universalie…»: Eibl-Eibesfeldt, Irenäus (1999) Grundriss der vergleichenden Verhaltensforschung. München (Piper), Seite 703f; Eibl-Eibesfeldt, Irenäus (1997) Die Biologie des menschlichen Verhaltens. München (Piper), Seite 327ff. Moore, MM. (1985) Nonverbal courtship patterns in women: Context and consequences. Ethol. Sociobiol., 6, 237–247.

Seite 59: «…Flirt geht von der Frau aus…»: Walsh, D. and Hewitt, J. (1985) Giving men the come-on: Effect of eyecontact and smiling in a bar environment. Perceptual and Motor Skills, 61, 873–874. Tramitz, Christiane (1992) Auf den ersten Blick. Die ersten 30 Sekunden einer Begegnung von Mann und Frau. Düsseldorf (Econ Taschenbuch), Seite 112

Seite 59: «…Natürlich ist auch der Flirt ein Prozess…»: Ford, Clelland S. and Beach, Frank A. (1951) Pattern of sexual behavior, New York (Harper and Brothers). Dazu vermerkt Helen Fisher, « dass zwar die meisten Völker den Männern die Initiative bei sexueller Annäherung zuschreiben, doch auf der ganzen Welt die Frauen sexuelle Beziehungen aktiv einfädeln.» Fisher, Helen (1993) Anatomie der Liebe. Warum Paare sich finden, sich binden und auseinandergehen. München (Droemer Knaur), Seite 37. Givens, D. B. (1978) The non-verbal basis of attraction: Flirtation, courtship and seduction. Psychiatry, 41, Seite 346–351. Beach, F.A. (1976) Sexual attractivity, proceptivity and receptivity in female mammals. Hormones and Behaviour, 7, Seiten 105–138; Barash, D.P. (1977) Sociobiology and behaviour. New York (Elsevier North Holland Inc.); Perper, T. (1985) Sex Signals: The biology of love. Philadelphia (ISI Press); eine Übersichtstabelle findet sich in Grammer, Karl (1993) Signale der Liebe. Die biologischen Gesetze der Partnerschaft. Hamburg (Hoffmann und Campe), Seite 11. Am schönsten beschrieben, finde ich, sind die Werbephasen in: Fisher, Helen (1993) Anatomie der Liebe. Warum Paare sich finden, sich binden und auseinandergehen. München (Droemer Knaur), Seite 21 ff.

Seite 60: «…Vielleicht ist der Ansatz der Genkultur-Koevolution…»: in Grammer, Karl (1993) Signale der Liebe. Die biologischen Gesetze der Partnerschaft. Hamburg (Hoffmann und Campe), Seite 437

Seite 61: «…das Zusammentreffen von Liebe und Hass…»: Freud, Sigmund (1912) Totem und Tabu. Gesammelte Werke Band IX, Seite 189: «Wir haben oft die Gelegenheit gehabt, die Gefühlsambivalenz im eigentlichen Sinne, also das Zusammentreffen von Liebe und Hass gegen dasselbe Objekt, an der Wurzel wichtiger Kulturbildungen aufzuzeigen. Wir wissen nichts über die Herkunft dieser Ambivalenz. Man kann die Annahme machen, dass sie ein fundamentales Phänomen unseres Gefühlslebens sei.» Freud ahnte weit vor den humanethologischen Forschungen, dass es sich hier um eine Universalie handelt. Seine Arbeitshypothese wurde durch die Biologie des menschlichen Verhaltens verifiziert. Der Begriff Ambivalenz wurde im Übrigen von Bleuler eingeführt: Bleuler, Eugen (1911) Dementia Praecox oder die Gruppe der Schizophrenien. In: Aschaffenburg (Hg. 1911) Handbuch der Psychiatrie. Leipzig (Deuticke). Vergleiche auch: Eibl-Eibesfeldt, Irenäus (1999) Grundriss der vergleichenden Verhaltensforschung. München (Piper), Seiten 702 und 704: «Die Tatsache, dass auch aggressive Verhaltensweisen (Nägelbeißen, Anstupsen eines Partners, Aufstampfen mit dem Fuß) bei Flirt und Verlegenheit auftreten, zeigt, dass bei Begegnungen mit Menschen neben den Systemen der Zuwendung auch das agonale (kämpferische M.L.M.) System aktiviert wird, das Angriff und Flucht beinhaltet.»; Eibl-Eibesfeldt, Irenäus (1997) Die Biologie des menschlichen Verhaltens. München (Piper), Seiten 327ff. «….der alten reptilhaften Dominanz-Unterwerfungssexualität, der sich eine jüngere durch Fürsorglichkeit und individualisierte Bindung charakterisierte überlagert.»

Seite 61: «…Dimension Angst – Schutzsuche – Unterwerfung…»: siehe die folgende Anmerkung.

Seite 62: «…Dimension Dominanz-Aggression…»: «Angefangen bei Fischen, über Reptilien, Primaten, bis hin zu den Verhaltensweisen bei Naturvölkern ist eine eindeutige Dominanz der Männer und eine Submissionstendenz der Frauen insbesondere bei Werbesituationen festzustellen», schreibt Christiane Tramitz (a.a.O., Seite 162) zu Eibl-Eibesfeldt, Irenäus (1990) Dominance, submission and love: Sexual pathologies from the perspective of ethology. In Feierman, J. (Hg.) (1990) Pedophilia – Biosocial dimensions. New York (Springer), Seiten 150-175.

Seite 62: «Das persönliche Band der Liebe entstand…»: Lorenz, Konrad (1963) Das sogenannte Böse. Wien (Borotha Schoeler), S.327

Seite 64: «…Die Flirtforscherin Christiane Tramitz schreibt…»: Tramitz, Christiane (1992) Auf den ersten Blick. Die ersten 30 Sekunden einer Begegnung von Mann und Frau. Düsseldorf (Econ Taschenbuch), Seite 88.

Seite 64: «…Zum anderen ist es die Frau und Mutter…»: vergleiche Dornes, Martin (1993): Der kompetente Säugling. Die praeverbale Entwicklung des Menschen. Frankfurt a. M. (Fischer TB) und Dornes, Martin (1997): Die frühe Kindheit. Entwicklungspsychologie der ersten Lebensjahre. Frankfurt a. M. (Fischer TB)

Seite 65: «…Sie gibt den Impuls, der Mann handelt…»: Tramitz, Christiane (1992) Auf den ersten Blick. Die ersten 30 Sekunden einer Begegnung von Mann und Frau. Düsseldorf (Econ Taschenbuch), Seite 112. «Im übrigen ging der erste Blick… in der Regel ohnehin meist von der Frau aus.» Oder auch Eibl-Eibesfeldt, Irenäus (1997) Die Biologie des menschlichen Verhaltens. München (Piper), Seite 331: „Ohne eine solche weibliche Aufforderung ist eine männliche Annäherung unwahrscheinlich.»

Seite 65: «…Wir tragen alle eine präzise Liebeslandkarte…»: Money, John (1986) Lovemaps. New York (Irvington Publishers)

Seite 65: «80 Prozent der Amerikaner wählen nach dem Bild des gegengeschlechtlichen Elternteils…»: Dominian, Jack (1968, 1971) Marital Breakdown. Middlesex (Penguin)

Seite 66: «Das mag beim Geruch beginnen …»: vgl. Grammer, Karl (1993) a.a.O., Seite 428 ff. Das Prinzip der Duftreize besteht kurz gesagt darin, dass der Mann Androstenol vor allem in der Achsel produziert, das bakteriell schnell in Androstenon zerfällt. Je mehr sandelholzduftendes Androstenol entsteht, desto mehr auch das urinähnliche Androstenon, also Anziehung und Abstoßung zugleich. In der fruchtbaren Ovulationsphase schaltet sich bei der Frau die Empfindlichkeit für das negative Androstenon aus, sodass die Anziehung überwiegt. Es gibt noch weitere physiologische Mechanismen, beispielsweise über das Enzym Monoaminoxydase (MAO), das während der Ovulation durch den hohen Östrogenspiegel niedrige Aktivitätswerte erreicht und dadurch «Vorlieben für hochvariierende sexuelle Erfahrungen und Partner» (Grammer, Ellis zitierend, Seite 433) begünstigt.

Seite 68: «...In den Augen anderer sind Attraktive angeblich wärmer...»: Felser, Georg (1999) Bin ich so, wie du mich siehst? Die Psychologie der Partnerwahrnehmung. München (Beck), S. 15

Seite 70: «...Ein durchschnittliches deutsches Paar widmet sich...»: Blanke, Karen; Manfred Ehling; Norbert Schwarz (1996) Zeit im Blickfeld. Ergebnisse einer repräsentativen Zeitbudgeterhebung. Stuttgart (Kohlhammer) (zu beziehen über den Hrsg. Bundesministerium für Familie, Senioren, Frauen und Jugend, Schriftenreihe Band 121) vergleiche Seite 313, Gespräche persönlichen Inhalts: 5 Minuten täglich bei Frauen, 4 Minuten bei Männern, jedoch nicht nur mit dem Partner, sondern mit allen Personen des Umfeldes.

Seite 70: «Erich Fromm sah ähnlich die Essenz der Liebe...»: Fromm, Erich (1956): Die Kunst des Liebens. Frankfurt, 1979 (Ullstein)

Seite 70: «Es folgen nach meinen dreißigjährigen Erfahrungen...»: zahlreiche andere Autoren kommen zu nur im Rang abweichenden Ergebnissen: Reiter, Ludwig (1983) Gestörte Paarbeziehungen. Theoretische und empirische Untersuchungen zur Ehepaardiagnostik. Göttingen. Jäckel, Ursula (1980) Partnerwahl und Eheerfolg. Stuttgart. Hollstein, Walter (1993) Der Kampf der Geschlechter. München (Kösel); auch die erwähnten biologischen Forschungen kreisen um die Fähigkeit zu Bindung und Emotionalität, beispielsweise Grammer, Karl (1993) a.a.O. Seite 125: «Die Fähigkeiten, Bindungen aufzubauen und aufrechtzuerhalten, sowie eine gewisse emotionale Kapazität, die für den Umgang mit Kindern wichtig sein kann, sind demnach Hauptanforderungen an Partner bei beiden Geschlechtern.»

Seite 70: «...egalitäre Machtverteilung...»: Jäckel, Ursula (1980) Partnerwahl und Eheerfolg. Stuttgart.

Seite 72: «...den erwachsenen Homo ludens...: Huizinga, Johan (1956, 1992) Homo ludens. Reinbek (Rowohlt rde)

Seite 72: «Das wäre ein sich selbst entwickelnder Hyperzyklus...»: Eigen, Manfred und Renate Winkler (1975) Das Spiel. Naturgesetze steuern den Zufall. München (Piper)

Seite 73: «Pro Jahrzehnt nimmt die Verdrängung oder Zurückstellung der eigenen Empfindungen...»: nach einer Untersuchung der Zeitschrift *freundin* 7/1992: 122 f.

Seite 75: «Sterne wie unsere Sonne rotieren um das Zentrum...»: «Korotationskreis», *Spektrum der Wissenschaft* 12 (2001), Seite 45

Seite 78: «...nimmt man heute zwei nebeneinander existierende, parallele Dimensionen an»: Huttner, Hans (2000) Veränderung von Maskulinität und Feminität durch Paargruppenanalyse. Berlin (Logos)

Seite 78: «Weibliche Eigenschaften…»: nach Huttner, Hans (2000) a.a.O., Seite 73-74

Seite 80: «Zehn basale Liebespaarungen…»: Es macht natürlich einen Unterschied, ob eine seelisch gleichgeschlechtliche Beziehung zwischen einer Frau und einem Mann dadurch bedingt ist, dass der Mann weiblich und die Frau weiblich ist oder die Frau männlich und der Mann männlich ist. Darüber hinaus kann eine heterosexuelle Beziehung wie üblich vorliegen – die Frau ist weiblich, der Mann ist männlich — ebenso aber in der Umkehr: Die Frau ist männlich, der Mann ist weiblich. Kurz: Es müssen Frau-Mann- und Mann-Frau-Kombinationen berücksichtigt werden.

Seite 81: «…dass die Kindheitsbelastungen nicht allein ausschlaggebend sind…»: Nuber, Ursula (1995) Der Mythos vom frühen Trauma. Frankfurt (Fischer)

Seite 83: «…desto arztaverser…», d. h. mit einer Aversion gegen ärztliche Behandlung. Dazu Moeller, Michael Lukas (1974) Krankenverhalten und Krankenversorgung in der psychosozialen Medizin. In: Volkholz, V. u.a. (1974) Analyse des Gesundheitswesens. Frankfurt M (Fischer), S. 140f.

Seite 84: «…bei über tausend Personen eine Untersuchung durch…»: für die methodische Beratung und Auswertung auch dieser Umfrage danke ich Dipl.Psych, Dipl.Soz. Angela Dunker sehr herzlich. Einen ausführlicheren Fachartikel werden wir beide zu einem späteren Zeitpunkt publizieren. Alle Daten liegen bei uns vor.

Seite 85: «…in Prozentsätzen positiver oder negativer Beziehungsqualität…»: T-Test bei unabhängigen Stichproben – Die Mutterbeziehung von Männern und Frauen unterscheidet sich hochsignifikant –0,004 Prozent Niveau. Die Vaterbeziehung signifikant –0,047 Prozent Niveau. Die Elternbeziehung ist statistisch gesehen gleich.

Seite 90: «…im bedeutendsten Bereich der *Beziehungsarbeit*…»: Moeller, Michael Lukas (2001) Gelegenheit macht Liebe. Glücksbedingungen in der Partnerschaft. Reinbek (Rowohlt), S. 46.

Seite 90: «Die Notwendigkeit eines Lastenausgleichs…»: Moeller, Michael Lukas (2001) Gelegenheit macht Liebe. Glücksbedingungen in der Partnerschaft. Reinbek (Rowohlt), S. 93

Seite 90: «…um 1600 Euro *netto* pro Monat…»: Blanke, Karen; Manfred Ehling; Norbert Schwarz (1996) Zeit im Blickfeld. Ergebnisse einer repräsentativen Zeitbudgeterhebung. Stuttgart (Kohlhammer) (zu beziehen über den Herausgeber, das Bundesministerium für Familie, Senioren, Frauen und Jugend, Schriftenreihe, Band 121)

Seite 91: «…eine bipersonale Abwehrbeziehung…»: Moeller, Michael Lukas und Moeller-Gambaroff, Marina (1978); Veränderungen von Paarbeziehungen durch Gruppenanalyse. Eine empirische Untersuchung. Familiendynamik 3,1, 47–66

Seite 91: «...bis zum Jahr 2490...»:Psychologie heute (1998) Brigitta Kreß: Frauen im Beruf. In: Frauen. Sonderheft compact Heft 2, S. 14–17

Seite 92: «1994 ergab eine Umfrage ...»: Psychologie heute (1998) Frauen. Sonderheft compact Heft 2, S. 30

Seite 92: «Kinder geschiedener Eltern haben eine geringere...»: Hahlweg, Kurt, mündliche Mitteilung.

Seite 97: «...auch die hohlste Nuss noch...»: Nietzsche, Friedrich (1883–1885) Also sprach Zarathustra. Werke in drei Bänden. München (Hanser), hier Band 2, Seite 333

Seite 97: «Die Verliebtheit besteht in einem Überströmen der Ichlibido...»: Freud, Sigmund (1914, 1964) Zur Einführung des Narzissmus. G.W. X, Frankfurt (Fischer) Seite 168f.

Seite 98: «...wie Eberhard Schorsch festhält ...»: Schorsch, Eberhard (1987) Bausteine einer Theorie der Liebe. Universitas 42, 8: 753–763, hier Seite 754

Seite 98: «...und auch in der Psychoanalyse nicht aufgestellt worden...»: vgl. «Über die Liebe» in: Moeller, Michael Lukas (2002), Auf dem Weg zu einer Wissenschaft von der Liebe. Reinbek (Rowohlt Taschenbuch), Seiten 11–51

Seite 99: «...Sartre an Simone de Beauvoir ...»: Rossum, Walter van (1998) Simone de Beauvoir – Jean Paul Sartre. Berlin (Rowohlt Berlin), Seite 12

Seite 100: «...die Erscheinungsform der Neosexualitäten...»: Sigusch, Volkmar (1998): Die neosexuelle Revolution. Über gesellschaftliche Transformationen der Sexualität in den letzten Jahrzehnten. Psyche LII,12, 1192–1234

Seite 103: «Die junge Erde...»: Margulis, Lynn und Dorion Sagan (1995, deutsch 1997) Leben, Heidelberg (Spektrum), Seite 76

Seite 104: «...Leben ist Ausdehnung von Dasein...»: Margulis, Lynn und Dorion Sagan (1995, deutsch 1997) Leben, Heidelberg (Spektrum), Seite 117

Seite 104: «Während sich die Sexualität vor etwa zwei Milliarden Jahren ...»: vgl. Margulis, Lynn und Dorion Sagan (1995, deutsch 1997) Leben, Heidelberg (Spektrum), Seite 113: «Als artgleiche Protisten sich gegenseitig verschlangen, aber nicht verdauten, fusionierten hin und wieder ihre Zellkerne und Chromosomen, was als erster Befruchtungs- oder Paarungsakt anzusehen ist.» Eine Art «Vorsexualität» ist in der Konjugation von Bakterien zu sehen. Ein «Sex-Gen» entscheidet, ob ein Bakterium Gene gibt – männlicher Donor – oder Gene über eine Brücke empfängt – weibliche Rezipiens. Die Minimalanforderung an Sexualität – Genaustausch – ist erfüllt, wenn auch keine neuen Lebewesen entstehen, jedoch die Rezipientin ein genetisch rekombiniertes, neues, von mehr als einem Elternteil stammendes Bakterium darstellt. A.a.O. Seite 74.

Seite 105: «... Konrad Lorenz sah die Liebe deswegen...»: Lorenz, Konrad (1963) Das sogenannte Böse. Wien (Borotha Schoeler), Seite 327

Seite 105: «...Sternstunde der Verhaltensevolution...»: Eibl-Eibesfeldt, Irenäus (1997) Die Biologie des menschlichen Verhaltens. München (Piper), Seite 233

Seite 106: «Die Evolutionslehre hat nachgezählt...»: Riedl, Rupert. Über die Biologie des Ursachen-Denkens – ein evolutionistischer, systemtheoretischer Versuch. In: Ditfurth, H. von (Hg.) Mannheimer Forum 78/79 Studienreihe Boehringer Mannheim, Seite 9–70

Seite 107: «In der dichtesten Fassung besagt das Bekenntnis...»: Rossum, Walter van (1998) Simone de Beauvoir – Jean Paul Sartre. Berlin (Rowohlt Berlin), Seite 19. Um Missverständnissen vorzubeugen: Sartre und Beauvoir siezten sich, der Satz will also sagen: «Du bist mein Leben, mein Glück und ich selbst.»

Seite 107: «Liebe ist zu neun Zehnteln vorbewusst oder unbewusst»: Kubie, Lawrence (1958, deutsch 1966) Die neurotischen Deformationen des schöpferischen Prozesses. Reinbek (Rowohlt rde), Seite 32
Goethe, «Dichtung und Wahrheit», 3. Teil, 14. Buch.

Seite 108: «Solche Schritte bezeichnet man in der Evolutionslehre...»: vergleiche Riedl, Rupert. Über die Biologie des Ursachen-Denkens – ein evolutionistischer, systemtheoretischer Versuch. In: Ditfurth, H. von (Hg.) Mannheimer Forum 78/79 Studienreihe Boehringer Mannheim, Seite 9–70

Seite 110: «Der Gott der Liebe sei der ‹menschenfreundlichste› ...»: Platon. Das Gastmahl. Werke in 8 Bänden, hg. von Gunther Eigler, übers. von F. Schleiermacher, Darmstadt, 1974 (Wiss. Buchgesellschaft), Band III, Seite 189b

Seite 110: «Das Eingehen in die unendliche Kontinuität ...»: Bataille, Georges (1963) Der heilige Eros. Frankfurt (Ullstein)

Seite 110: «Schicksalshaft für die Zukunftsgeschichte...»: Margulis, Lynn und Dorion Sagan (1995, deutsch 1997) Leben, Heidelberg (Spektrum), Seite 110

Seite 112: «...zahlreiche evolutionsbiologische Momente kommen hinzu ...»: vergleiche auch Allman, William F. (1994, deutsch 1999) Mammutjäger in der Metro. Wie das Erbe unserer Evolution unser Denken und Verhalten prägt. Heidelberg (Spektrum), Seiten 146 ff.; und Hejj, Andreas (1996) Traumpartner. Evolutionspsychologische Aspekte der Partnerwahl. Berlin (Springer)

Seite 112: «...Das ist gut...»: Brecht, Bert (1981) Gedichte in einem Band. Frankfurt (Suhrkamp), Seite 1203

Seite 112: «...dürfte also auch die Liebe unterschiedlich sein...»: Willi, Jürg (1991) Was hält Paare zusammen? Reinbek (Rowohlt)

Seite 113: «Nach Vaillants Lebenslaufuntersuchung...»: Vaillant, George E.

(1977, deutsch 1980) Werdegänge. Erkenntnisse der Lebenslaufforschung. Reinbek (Rowohlt)

Seite 113: «...spiegeln sich bis in den Gleichklang von Gesten und Haltungen ...»: Fisher, Helen (1992, deutsch 1993) Anatomie der Liebe. München (Droemer-Knaur), Seite 33f.

Seite 114: «Liebe ist ein Kompromiss zwischen Mann und Frau...»: Allman, William F. (1994, deutsch 1999) Mammutjäger in der Metro. Wie das Erbe unserer Evolution unser Denken und Verhalten prägt. Heidelberg (Spektrum), Seite 143

Seite 114: «...Familiarität...»: König, Karl und Reinhard Kreische (1991) Psychotherapeuten und Paare, Göttingen (Vandenhoeck & Ruprecht)

Seite 115: «...und strebt vielleicht daher auch wieder zur Gruppe zurück...»: Eiguer, Alberto und Andre Ruffiot (1991) Das Paar und die Liebe. Stuttgart (Klett-Cotta) Seite 139.

Seite 115: «Als Zeus und Hera sich stritten, ...»: Homer (ca. 800 v. Chr.) Odyssee. 24. Gesang, 47. Zeile. zit. nach Kerényi, Karl (1998, 17. Auflage) Die Mythologie der Griechen. Band II: Die Heroengeschichten. München (dtv), Seite 85.

Seite 116: «...ewiger Kompromiss zwischen Mann und Frau ...»: Allman, William F. (1994, deutsch 1999) Mammutjäger in der Metro. Wie das Erbe unserer Evolution unser Denken und Verhalten prägt. Heidelberg (Spektrum), Seite 143

Seite 117: «...das Ziel des Eros, immer größere Einheiten herzustellen...»: Freud, Sigmund (1925) Jenseits des Lustprinzips. GW Band XIII, Frankfurt (Fischer) Seite 45

Seite 117: «Es gibt sogar Versuche...»: Pieringer, Walter (1990) Sexualität und Erkenntnis. In: Pieringer, Walter und Brigitte Verlic (1990) Sexualität und Erkenntnis. Graz (Leykam), Seite 9–27.

Seite 118: «Bei allem, was mir widerfährt...»: Rossum, Walter van (1998) Simone de Beauvoir – Jean Paul Sartre. Berlin (Rowohlt Berlin), Seite 19

Seite 118: «Nach Michael Balint gilt das besonders für eine entwickelte, reife Liebe...»: Balint, Michael (1966) Die Urformen der Liebe und die Technik der Psychoanalyse. Stuttgart (Klett)

Seite 118: «Die Kindheit lässt sich als ein Hineinwachsen ...»: Skynner, A.C.R. (1976) One Flesh, Separate Persons: Principles of Marital and Family Psychotherapy. London (Constable)

Seite 118: «...Die Liebesbeziehung der beiden...»: Rossum, Walter van (1998) Simone de Beauvoir – Jean Paul Sartre. Berlin (Rowohlt Berlin), Seite 18

Seite 121: «...Meine Welt war wie verwandelt. ...»: zit. nach Fisher, Helen (1992, deutsch 1993) Anatomie der Liebe. München (Droemer-Knaur), Seite 46

Seite 121: «...Jeder Mensch ist ein unermessliches Territorium...»: Rossum,

Walter van (1998) Simone de Beauvoir – Jean Paul Sartre. Berlin (Rowohlt Berlin), Seite 18

Seite 121: «…Übrigens wird Sartre später…»: Rossum, Walter van (1998) Simone de Beauvoir – Jean Paul Sartre. Berlin (Rowohlt Berlin), Seite 18

Seite 122: «…Im Essay ‹Zwei Personen – eine Sekte›…»: Moeller, Michael Lukas (1986, 2002) Die Liebe ist das Kind der Freiheit. Reinbek (Rowohlt Taschenbuch), hier besonders Seite 177 f.

Seite 122: «…Die menschliche Art ist durch Hypersexualisierung …»: Eibl-Eibesfeldt, Irenäus (1999) Grundriss der vergleichenden Verhaltensforschung. München (Piper), Seite 350

Seite 123: «…Schönheit, sagt Robert Musil…»: Musil, Robert (1952) Der Mann ohne Eigenschaften. Hamburg (Rowohlt) Gesammelte Werke. Band 7, Seite 1243

Seite 125 f.: «…und zwar haargenau so, wie es nach den Ausführungen von Foulkes…»: Foulkes, S. H. (1990) The group as matrix of the individual's mental life. In: Elizabeth Foulkes (ed. 1990) S. H. Foulkes. Selected papers. Psychoanalysis and Group Analysis. London (Karnac) Seite 223–233.

Seite 126: «…Instinktreste gehen bis in Details…»: Fisher, Helen (1992, deutsch 1993) Anatomie der Liebe. München (Droemer-Knaur)

Seite 126: «…Zuwendung mit folgender Abwendung…»: Eibl-Eibesfeldt, Irenäus. (1986) Die Biologie menschlichen Verhaltens. München (Piper)

Seite 126: «…und die Attraktivität der weiblichen Silhouette…»: Buss, David (1994) Die Evolution des Begehrens. Geheimnisse der Partnerwahl. Hamburg (Kabel), Seite 76

Seite 127: «Nach Freud gehörten auch die Urphantasien…»: Laplanche, Jean; Pontalis, J.-B. (1985, deutsch 1992) Urphantasie. Frankfurt/Main (Fischer)

Seite 127: «…wie bei den Arapesh …»: Mead, Margaret. (1963) Mann und Weib. Reinbek (Rowohlt)

Seite 127: «…in Studien zur Jugendsexualität…»: Schmidt, Gunter (Hg.) (1993) Jugendsexualität. Stuttgart (Enke)

Seite 128: «…Dazu gehören unsere inneren Liebeslandkarten …»: Money, John (1986; 1993) Lovemaps. New York (Prometheus)

Seite 128: «…Ich nenne sie den ‹Großen Attraktor›…»: Moeller, Michael Lukas (1999) Über die Liebe, Zeitschrift für Individualpsychologie, 24. Jg., Seite 3–18, sowie in: Moeller, Michael Lukas (2002), Auf dem Weg zu einer Wissenschaft von der Liebe. Reinbek (Rowohlt Taschenbuch), Seite 11–51

Seite 128: «…mit einem entscheidenden salutogenen Moment…» *salutogen* bedeutet «Gesundheit hervorbringend».

Seite 129: «…Hypnoseversuche allerdings zeigen…»: Kubie, Lawrence

(1966) Die neurotische Deformation des schöpferischen Prozesses. Reinbek (Rowohlt rde), Seite 32

Seite 129: «...‹Unbewusstes erkennt Unbewusstes irrtumslos›...»: Scheunert, G. (1960): Zum Problem der Gegenübertragung. Psyche 13, Seite 574-593

Seite 130: «...Das ist die holografische Dimension...»: Moeller, Michael Lukas (2001) Gegenübertragung in der Gruppenanalyse. In: Pritz, Alfred; Vykoukal, Elisabeth (Hg.) (2001) Gruppenpsychoanalyse. Wien (Facultas Univ. Verlag) und Moeller, Michael Lukas (2000 a) Gelegenheit macht Liebe. Glücksbedingungen in der Partnerschaft. Reinbek (Rowohlt), Seite 38ff.

Seite 131: «Wir lassen vor allem das Schuldbewusstsein...»: Freud, Sigmund (1918) Wege der psychoanalytischen Therapie. Frankfurt 1964 (Fischer), GW. IX, Seite 189

Seite 136: «...‹Die Literatur führt uns in den seltensten Fällen bis zur Hochzeit›...»: Rossum, Walter van (1998) Simone de Beauvoir – Jean Paul Sartre. Berlin (Rowohlt Berlin), Seite 22

Seite 137: «...Jürg Willi hat anschaulich dargestellt...»: Jürg, Willi (1975, 2000). Die Zweierbeziehung. Reinbek (Rowohlt Taschenbuch)

Seite 137: «Anaïs Nin schreibt in ihren Tagebüchern...»: Nin, Anaïs (1966, 2001) Die Tagebücher 1931–1934 München (Diana Taschenbuch), Seite 113

Seite 139: «...‹Mitten in einer unüberschaubaren Praxis›...»: Rossum, Walter van (1998) Simone de Beauvoir – Jean Paul Sartre. Berlin (Rowohlt Berlin), Seite 12

Seite 140: «...F. W. Bernstein beispielsweise ...»: Fröhlich, Harry (2000) Fünfzig erotische Gedichte. Stuttgart (Reclam), Seite 86 und 89 in der Parodie «Von den erogenen Zonen»

Seite 142: «...Frauen zu rauben ist das erotische Ziel...»: vergleiche dazu Moeller, Michael Lukas (1991) Der Krieg, die Lust, der Frieden, die Macht. Reinbek (Rowohlt, rororo aktuell), Seite 76f.

Seite 143: «Schnell findet man diese Typologie...»: Ich meine damit den meist unbewussten Gehalt der jeweiligen Expertenauffassung. Freud schrieb allerdings zu dieser Thematik der strukturellen Zuordnung der Libido eine kleine Arbeit – Freud, Sigmund (1931) Über libidinöse Typen GW XIV, Frankfurt 1964 (Fischer), Seite 507–513

Seite 144: ««Bis dass ihr wünscht...»: Pro Sieben. 14.1.2002, 23.15 Uhr

Seite 145: «...‹Insbesondere ergibt sich auch das Auftauchen›...»: Gould, Steven Jay (1994): Zufall Mensch. Das Wunder des Lebens als Spiel der Natur. München (dtv)

Seite 147: «...‹Nebenbei bemerkt, unglückliche Ehe›...»: Freud, Sigmund (1918) Wege der psychoanalytischen Therapie. GW: XII, Seite 188

Seite 160: «…‹Der Prozess der Beziehung beginnt beim Symptom›…»:
Behr, H.L.; L.E. Hearst und G.A. van der Kleij (1985) Die Methode der
Gruppenanalyse im Sinne von Foulkes. In: Kutter, Peter (Hg.) (1985)
Methoden und Theorien der Gruppenpsychotherapie. Stuttgart (From-
mann-Holzboog) Seite 93–120

Seite 176: «…den ich ‹die ersten drei Minuten› nenne…»: nach Steven
Weinbergs Bestseller «Die ersten drei Minuten. Der Ursprung des Universums». München (Piper) 1977

Seite 179: «‹Michael Lukas Moeller hat durch seine genauen Anleitungen…›»: Zitat aus der Laudatio auf M. L. Moeller, die die Berliner
Psychoanalytikerin Prof. em. Dr. phil. Eva Jaeggi bei der Verleihung des
ersten «Internationalen Otto-Mainzer-Preises für die Wissenschaft von
der Liebe» am 10. 10. 2000 in der Aula der Frankfurter Goethe-Universität gehalten hat. In: Moeller, Michael Lukas (2002) Auf dem Weg zu
einer Wissenschaft von der Liebe. Reinbek (rororo sachbuch 61417),
Seite 72

Michael Lukas Moeller
Auf dem Weg zu einer Wissenschaft von der Liebe
Dyadologie: Die Lehre vom Dialog der Dyade
(rororo sachbuch 61417)

Insbesondere für sein auf den folgenden Seiten vorgestelltes «Quartett der Zwiegesprächsbücher» im Rahmen seines psychoanalytischen Lebenswerks wurde Professor Moeller im Jahr 2000 mit dem in New York gestifteten ersten «Internationalen Otto-Mainzer-Preis für die Wissenschaft von der Liebe» ausgezeichnet.
Diese neue Forschungsrichtung, die Michael Lukas Moeller *Dyadologie* nennt, beschäftigt sich mit der Entstehung, den Entwicklungsstufen und den Formen der Liebe in der Paarbeziehung (der Dyade).

Das Quartett der Zwiegesprächsbücher

Michael Lukas Moeller
Die Liebe ist das Kind der Freiheit
(rororo sachbuch 60594)

Wir alle wissen, dass sich Gefühle nicht erzwingen lassen. Aber was ist denn diese Kunst der freien Bindung?
Wie lassen sich Freiheit und Bindung vereinen?
Die vier Kapitel dieses Buches sind ein Beitrag zur erotischen Kultur.

Michael Lukas Moeller
Die Wahrheit beginnt zu zweit
Das Paar im Gespräch
(rororo sachbuch 60379)

Gibt es überhaupt noch eine Chance für eine bessere Beziehung? Mit Sicherheit ja. Miteinander reden macht glücklichere Paare. Nur wie? Der entscheidende Weg ist das wesentliche Zwiegespräch. Ein Paar: «In den letzten drei Monaten haben wir mehr voneinander erfahren als in den letzten zehn Ehejahren vorher.»

Das Quartett der Zwiegesprächsbücher

Michael Lukas Moeller
Worte der Liebe
Erotische Zwiegespräche
Ein Elixier für Paare
(rororo sachbuch 60433)

Das Buch möchte Lust darauf machen, sich auf den Weg zu begeben: Erotische Zwiegespräche von Paaren, Freunden und Freundinnen aller Altersklassen, Essays zu Momenten dieser Art liebesfördernder Dialoge sowie Beispiele aus Seminaren machen diesen Band zu einem Aphrodisiakum.

«Ohne Psycho-Wortgeklingel analysiert Moeller verbale Duelle – und macht Lesern Mut zum Selbstversuch.» SPIEGEL special

Michael Lukas Moeller
Gelegenheit macht Liebe
Glücksbedingungen in der Partnerschaft
(rororo sachbuch 61169)

In diesem Buch geht es um etwas Entscheidendes, was viele Paare sich aber zu fragen vergessen: «Was sind die für mich und damit für uns beide wichtigsten Liebesbedingungen?»

- Konfliktfähigkeit statt Konfliktlosigkeit
- BIG NINE. Die neun bedeutendsten Paareinsichten
- Dynamik aushäusiger Verliebtheiten
- Windrose der Wirkungen
- Allgemeine und die Vielfalt besonderer Zwiegespräche